KIM HOUSTON

W0349157

Un chat parfait en 21 jours

Lui (ré)apprendre les bonnes manières en s'amusant

ULMER

L'édition originale de ce titre a été publiée en anglais sous le titre « 21 cat to the Perfect Cat »,
© Octopus Publishing Group Ltd 2014.

Traduit de l'anglais par : Pierre Bertrand

© 2014 Les Éditions Ulmer
8, rue Blanche
75009 Paris
Tél. : 01 48 05 03 03
Fax : 01 48 05 02 04
www.editions-ulmer.fr

ISBN : 978-2-84138-621-5
N° d'édition : 621-01

Dépôt légal : septembre 2014
Printed in China

Dédicace

« À Gertie, ma fille adorable. Bien que tu sois hélas partie, ton esprit (et ta joie de vivre) vivent pour toujours dans mon cœur. »

Avertissement

L'auteur et l'éditeur se sont efforcés d'apporter les informations les plus fiables possibles. Des erreurs ne peuvent toutefois être totalement exclues. Aucune garantie quant à l'exactitude des informations ne peut donc être donnée. Leur responsabilité pour les dommages éventuels qui pourraient en résulter ne pourra être juridiquement invoquée.

Sommaire

Partie I : Introduction

Tout ce que vous devez savoir avant de commencer à éduquer votre chat

Comment utiliser ce livre ?

Que vous partagiez votre maison avec un chaton vif et joueur, un chat adopté ou un vieux chat, ce livre est là pour vous aider à tirer le meilleur de votre compagnon félin. Comme vous l'aurez sûrement découvert, les chats sont des individus complexes aux besoins spécifiques. Ce livre vous aidera à les comprendre et à voir le monde avec les yeux d'un chat. Que ce soit votre premier chat ou que vous en ayez déjà eu plusieurs, les nombreuses informations de ce livre vous aideront à lui donner une vie plus stimulante, riche et agréable.

Introduction

L'introduction du livre vous fait découvrir le monde de votre chat et vous aide à mieux comprendre ses besoins et son comportement naturel. Grâce à ces informations, vous pourrez réorienter son comportement naturel pour lui enseigner des habitudes qui vous rendront votre vie et la sienne plus agréables. Si vous en doutez, les premiers chapitres vous montreront qu'il est possible de dresser un chat. On y explique des méthodes positives, douces et basées sur la récompense pour dresser votre chat de manière méthodique, agréable et amusante. L'introduction se termine par un guide de dressage au cliquet, une méthode utilisée depuis longtemps pour les chiens mais très précieuse aussi pour dresser votre chat.

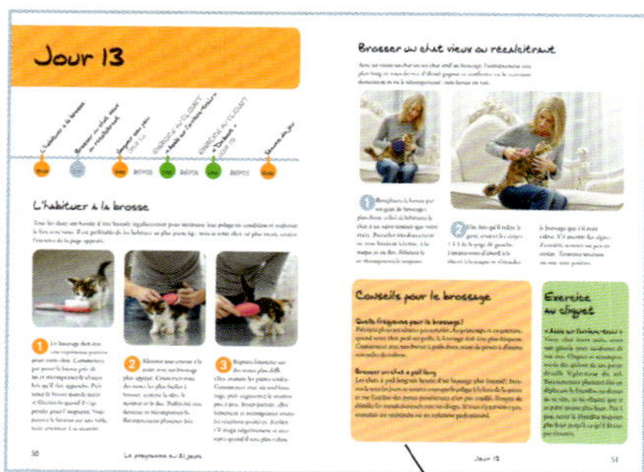

Les encadrés orange sont pour tous les chats

Les encadrés bleus concernent spécifiquement les vieux chats

Les encadrés verts proposent exercices et astuces pour le dressage au cliquet

Un plan en 21 jours

La partie principale de ce livre est un guide d'éducation pas à pas, destiné à rendre votre chat aussi heureux que possible. Ce guide est divisé en une série de sujets quotidiens, spécialement choisis après des années passées à écouter des propriétaires de chats et à résoudre des problèmes comportementaux.

Chaque jour est consacré à un nouveau sujet, proposant des exercices de dressage et des conseils pour les situations difficiles. Les exercices sont amusants, stimulants et parfois difficiles. Ils enrichiront la vie de votre chat et renforceront le lien entre vous.

La frise temporelle

Au-dessus du plan de chaque journée se trouve une frise temporelle colorée, qui vous indique la structure de la journée en indiquant combien de temps votre chat et vous devriez consacrer à chaque exercice. Les exercices sont accompagnés d'un code couleur. Les tâches signalées par un rond orange concernent tous les chats, jeunes ou vieux, craintifs ou audacieux. Les ronds verts indiquent des exercices au cliquet, pour tous les chats aussi. Les ronds bleus signalent des exercices supplémentaires pour les vieux chats. Les exercices présentés en encadré sont indiqués en capitales grises.

À chaque exercice correspond une durée purement indicative ; si votre chat est vieux, nerveux ou craintif, il peut être nécessaire de raccourcir l'exercice. Deux chats ne réagiront jamais de la même manière. Il est donc essentiel de vous laisser guider par votre chat. Pour mettre toutes les chances de votre côté, avancez à son rythme.

Des solutions rapides

La partie finale présente les solutions à 50 problèmes courants chez les chats, par exemple griffer les meubles ou piller la poubelle. Ces comportements problématiques se règlent en combinant modifications de son environnement, éducation et mesures pratiques. Vous y trouverez la solution à votre problème.

Mais le plus important est de ne pas oublier de s'amuser et de mettre ces moments à profit pour renforcer la relation que vous avez avec votre chat. Bonne chance !

Kim Houston

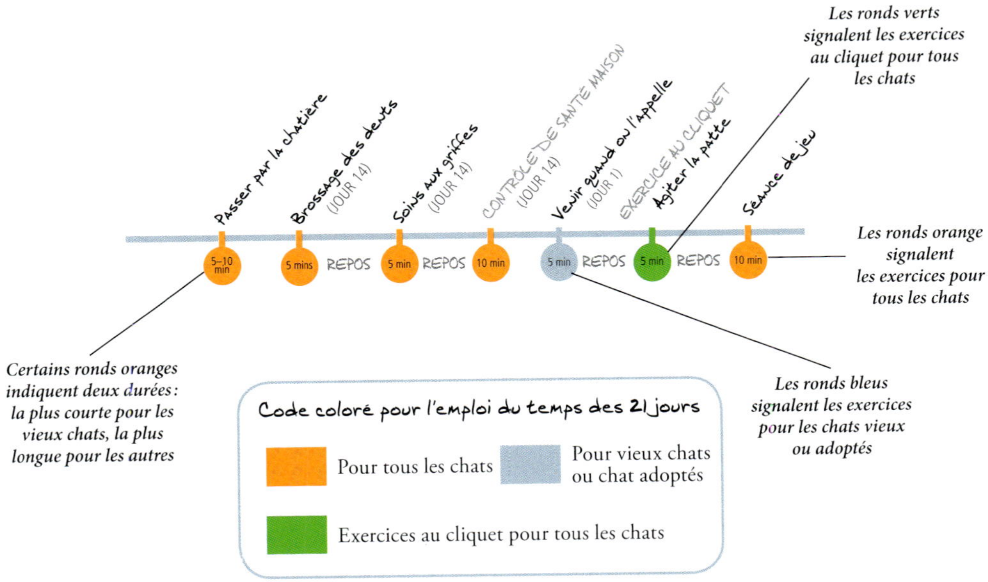

À travers les yeux d'un chat

Vivre avec des chats peut être une expérience gratifiante. Les chats sont des animaux remarquables, nés pour la survie, excellents chasseurs, bons athlètes, compagnons affectueux et pleins d'intuition. Mais ils conservent en grande partie la biologie et le comportement de leurs ancêtres sauvages. Il est donc essentiel de comprendre leur comportement naturel et leurs besoins.

Dans la nature, un chat passe son temps à chasser, à manger, à se reposer, à participer à des interactions sociales et à explorer son environnement. Contrairement à la croyance répandue, le chat domestique est un animal social. Leur système social est souple, les chats pouvant vivre seuls ou en groupes de taille variable. Ils communiquent entre eux par des signaux visuels, tactiles, olfactifs et auditifs : miaulements de bienvenue, marquage urinaire du territoire et autres sont des comportements félins normaux.

Un environnement adapté

Les problèmes surgissent souvent quand nous projetons nos valeurs et attentes sur nos chats. Le résultat fréquent est que le chat est incapable d'exprimer son comportement naturel à cause des restrictions qu'on lui impose. Les maisons modernes sont construites dans un style minimaliste et fonctionnel, souvent réduit au nécessaire, avec un espace de vie sobre et un jardin soigné.

Malheureusement, si cette esthétique convient aux occupants, elle ne répond pas aux besoins des chats. Un chat qui griffe le divan est souvent perçu

comme vindicatif et mal élevé. Alors que c'est un comportement normal : les chats ont besoin de gratter pour maintenir leurs griffes en bon état et pour marquer leur territoire. Si on ne leur propose pas d'exutoire alternatif, ils se rabattront sur ce qui leur tombe sous les pattes. Pas de chance, ce sera peut-être votre canapé en cuir tout neuf !

On fait souvent l'erreur de considérer les chats comme des animaux solitaires et autonomes. Par conséquent, ils sont souvent livrés à eux-mêmes pendant que leurs maîtres sont au travail, suscitant ennui et comportements indésirables.

Le comportement naturel d'un chat

Dans la nature, le chat peut gratter et grimper sur de nombreux arbres, chasser un nombre illimité de proies, se percher en hauteur pour se reposer à la chaleur du soleil, et faire ses besoins dans un sol meuble. Bref, la nature est un environnement varié et très stimulant. Une fois les chats chez nous, nous réprimons beaucoup de ces instincts naturels. Les chats vivent souvent dans des lieux monotones et statiques, peu stimulants et avec des règles irréalistes susceptibles d'engendrer ou d'exacerber des problèmes comportementaux. Ce faisant, nous les dépouillons de leur nature fondamentale, nous ne leur permettons pas d'être des chats !

Il en résulte un conflit entre ce que nous considérons comme inacceptable d'une part, et le comportement naturel et inné des chats d'autre part. La qualité de vie du chat et du propriétaire peut en souffrir. Il est donc important de comprendre les besoins et le comportement naturel de votre chat, afin de modifier l'environnement que vous lui offrez afin qu'il puisse rediriger ses instincts naturels vers des exutoires acceptables.

Qu'il vive en intérieur ou à l'extérieur, un chat doit être maintenu en bonne forme physique, stimulé mentalement et satisfait affectivement. Un environnement varié, des séances de jeu en commun et un dressage de base répondront à vos besoins et aux siens, créant une atmosphère harmonieuse et épanouissante pour lui comme pour vous.

Les besoins des chats

Un environnement riche et stimulant est essentiel à une vie de chat heureuse. Outre les besoins basiques, abri, nourriture et eau, des possibilités d'exprimer son comportement naturel sont nécessaires à son épanouissement physique et mental. En lui fournissant des occasions de gratter, de se percher, d'explorer, de chasser et de jouer, vous réduirez non seulement le risque d'apparition de troubles comportementaux, mais cela aidera à résoudre des problèmes existants. Un environnement monotone et peu stimulant peut générer des comportements destructeurs ou perturbés, comme mâcher des objets ou faire sa toilette compulsivement. Un environnement varié et une routine cohérente rendront votre chat plus heureux.

Il est donc important de connaître les choses dont il a besoin et qui favorisent son comportement naturel. Ces éléments doivent être nombreux et intégrés à sa vie quotidienne. Même si votre chat peut sortir, il reste important de diversifier son environnement intérieur, surtout si vous avez plusieurs chats. Il aura aussi peut-être envie de passer plus de temps à l'intérieur pendant la saison froide. Il pourra alors exprimer sans problème son comportement naturel à l'intérieur.

Le bac à litière

Un bac à litière approprié est indispensable, même si votre chat vit dehors. Il doit être présent dans votre maison, de préférence dans un endroit discret. Certains chats aimant sortir préfèrent se soulager dans leur bac. Les chats aiment faire leurs besoins seuls et peuvent être dissuadés de se soulager dehors s'il y a trop de chats dans les environs. Forcer un chat à sortir par une froide nuit d'hiver risque de l'encourager à faire ses besoins dans une cachette à l'intérieur.

Pour faire ses besoins, un chat creuse, s'assoit sur le trou et le rebouche ensuite. Il a donc besoin d'un bac assez grand pour se mouvoir à l'aise. Chaque chat a ses préférences, mais le bac doit contenir un substrat à petit grain (litière). Pour respecter l'intimité du chat, le bac doit se trouver dans un lieu calme, à l'écart des va-et-vient. Aimeriez-vous aller aux toilettes à la vue de tous?

Placez le bac loin des écuelles à eau et à nourriture. Faire ses besoins dans l'endroit où il mange est anti-naturel pour un chat et cela le forcera à trouver un autre lieu où se soulager. Si vous avez plusieurs chats, il vous faut un bac par chat plus un bac de secours pour éviter les conflits et le stress associé. Pour finir, les chats sont des animaux d'une propreté maniaque: un nettoyage complet et régulier du bac est vital. Si vous ne savez pas quand procéder, demandez-vous « Irais-je aux toilettes ici? ». Aidez votre chat à donner libre cours à sa maniaquerie.

Griffoir de rigueur

Les chats ont besoin de gratter pour maintenir leurs griffes en bon état et signaler visuellement leur territoire. Les problèmes surgissent quand votre chat choisit votre canapé tout neuf. Il ne cherche à vous provoquer: c'est un comportement parfaitement normal, mais simplement au mauvais endroit! Pour diminuer le risque, fournissez-lui un griffoir, par exemple un grand poteau couvert de sisal ou, mieux encore, une grosse bûche encore couverte d'écorce. Ce sont des surfaces dans lesquelles il pourra planter ses griffes, et votre canapé devrait devenir moins attirant.

L'emplacement du griffoir a aussi son importance. Les chats préfèrent gratter les surfaces verticales ou après une sieste. Si vous ne voulez pas que le vôtre se fasse les griffes sur le canapé de marque, placez le griffoir à côté de l'endroit où il aime dormir.

Une attirance pour la hauteur

Se chercher un perchoir en hauteur est un comportement naturel. Non seulement le chat s'y sent en sécurité, mais il peut surveiller son territoire et repérer les proies. Une surface élevée lui procure une stimulation mentale et physique ainsi que de la distraction. Mais nous vivons dans un monde essentiellement horizontal et nos maisons manquent de verticalité. Vous devrez donc fournir à votre chat des places de repos à différentes hauteurs, qui contribuent aussi à apaiser les tensions entre plusieurs chats. Il peut s'y retirer face à des enfants excités, un chiot démonstratif ou des bruits terrifiants, comme l'aspirateur. Installez une couchette sur un meuble, achetez un arbre à chat ou, si vous aimez les défis, construisez une passerelle à chat dans la partie supérieure de vos murs – il adorera ça !

Des repas bien rodés

Les chats sont des chasseurs nés et passent de nombreuses heures à guetter et à capturer de petites proies. Mais les problèmes surgissent quand plusieurs chats sont « forcés » de manger côte à côte. Ce comportement non naturel augmente les tensions entre eux. Chaque chat a besoin de ses propres écuelles pour boire et manger, dans un coin calme, hors de la vue des autres.

Par souci de bien faire, certains maîtres donnent à leur chat une nourriture « gratuite » à volonté. Mais les chats préfèrent généralement donner libre cours à leur instinct de chasse. Obligez votre chat à « gagner son pain » (voir pages 48-49). Le repas doit être mentalement et physiquement stimulant. Donnez-lui une partie de sa ration quotidienne dans une balle à croquettes ou autre objet similaire. « L'alimentation active » est une façon de le nourrir qui l'oblige à faire appel à ses sens, son adresse et son agilité mentale pour découvrir comment accéder aux aliments.

Interaction avec les humains

On croit souvent à tort que les chats sont indépendants, distants et non sociables avec les humains. Mais en réalité, des interactions prévisibles et

régulières avec nous leur sont bénéfiques, qu'il s'agisse de jeu, de caresses ou de câlins. Mais selon la race et leur degré de socialisation, le besoin de contact varie énormément. Un chat qui a eu des contacts positifs au début de sa vie (3-7 semaines d'âge) acceptera mieux les caresses. Mais un chat qui n'a pas été correctement socialisé tolérera moins bien le contact.

En général, les chats aiment bien fixer eux-mêmes les règles ; le plus souvent, ils préfèrent les contacts brefs mais réguliers. Respectez ses limites et laissez-lui fixer le rythme. Ne prenez jamais un chat dans les bras contre son gré, car c'est une source d'anxiété et il risque de s'enfuir la prochaine fois. Vous remarquerez même que c'est le visiteur le moins intéressé par votre chat que celui-ci sollicite avec le plus d'insistance !

Régularité et routine

Si la routine nous paraît parfois ennuyeuse, elle est vitale pour les animaux, car elle diminue l'anxiété. Les chats sont des créatures d'habitude et leur horloge interne est bien réglée. Voyez comme ils sont toujours à l'heure pour leur petit-déjeuner !

Changer la routine d'un chat peut le perturber et même entraîner des problèmes comportementaux. Les moments importants qui structurent la journée d'un chat sont les séances de jeu, les repas à heures régulières et des séances de caresses. Une fois que vous avez établi une routine qui convient à tous les deux, efforcez-vous de vous y tenir, car votre chat attendra avec impatience ses activités quotidiennes. Ce qui ne représente que cinq minutes de votre vie compte beaucoup dans son petit monde.

Pour finir, un mot de mise en garde : attention à la routine que vous mettez en place. Si vous vous levez à 6 heures du matin pour le nourrir en semaine, il s'attendra à être nourri à 6 heures le week-end ! Trouvez une routine réaliste et satisfaisante pour vous deux.

Des moments de jeu

Des moments de jeu sont essentiels pour enrichir la vie de votre chat. Malheureusement, ce point fondamental est souvent négligé par leurs maîtres, alors que le jeu est une des armes secrètes pour rendre un chat heureux. C'est si important que nous lui consacrons un chapitre à part.

Des séances quotidiennes

Un des moyens les plus efficaces de fournir à votre chat la stimulation mentale et physique dont il a besoin est de prévoir des séances de jeu quotidiennes. Les chats ont un besoin inné de chasser et les jeux doivent simuler la séquence naturelle de guet, de poursuite, de bond et de morsure. Le jeu est une activité essentielle pour les chats de tous âges, renforçant le lien entre vous, chassant l'ennui, diminuant l'anxiété et procurant de l'exercice. N'oubliez pas que les chats sont des athlètes débordant d'énergie mentale et physique. Le jeu fournit un débouché naturel à cette énergie et satisfait leur instinct de chasse.

Des jeux stimulants

Un choix de jouets permettra à votre chat de satisfaire ces différents comportements : certains jouets conviennent mieux pour chasser, d'autres pour bondir, d'autres pour batifoler, d'autres enfin pour chasser. Mais chaque chat a ses préférences : certains préfèrent chasser au sol, par exemple en poursuivant une balle, d'autres préfèrent bondir en l'air. Désireux de satisfaire son besoin de jouer, vous avez peut-être déjà acheté une boîte pleine de jouets Mais pour lui, ces jouets statiques ne sont que des proies mortes car ils ne bougent pas, et il risque de les trouver ennuyeux.

Les jeux « interactifs » offrent des séances plus intenses, jusqu'à rendre parfois votre chat complètement déchaîné ! C'est vous qui animez les jouets, par exemple à l'aide d'une canne à pêche munie d'une attache interchangeable. Vous pourrez ainsi simuler une « proie » vivante en la faisant gigoter, ramper, voler ou bondir comme une proie véritable. Votre

chat satisfera sa pulsion de chasse, fera de l'exercice et évacuera le stress.

Les clés d'une séance de jeu réussie

Voici quatre points clés pour jouer avec votre chat :

• Faites bouger le jouet comme une proie.

Cela stimulera son instinct de chasse. N'agitez pas le jouet frénétiquement ni juste devant lui : il sait qu'une proie ne se comporte pas ainsi ! Faites gigoter le jouet doucement pour attirer son attention, puis alternez mouvements rapides et lents, car une souris ou un oiseau ne se déplace pas de manière régulière et prévisible.

• Ne touchez pas le chat avec le jouet.

Il s'agit d'imiter une vraie proie. Or, il est peu probable qu'une vraie souris se dirige droit vers votre chat pour le toucher. Éloignez le jouet de lui et cachez-le derrière un meuble. Répétez jusqu'à ce que le chat le suive et bondisse dessus.

• Laissez-le goûter aux joies du succès.

Votre chat a besoin de capturer le jouet de temps à autre pour ne pas se sentir frustré. Laissez-le frapper le jouet de la patte et bondir dessus. Ces victoires l'aideront à prendre confiance.

• Terminez toujours sur une note positive.

Terminez la session en lui donnant quelques friandises. Car c'est comme cela que ça se finit dans la nature : il guette, se met en embuscade, capture, tue et mange sa proie ! En lui donnant un bon morceau, vous signalez la fin de la séance et vous lui donnez le sentiment d'être victorieux.

Tenez-vous à un horaire de jeu régulier, par exemple deux séances quotidiennes de 10 minutes du jour 1 au jour 21

Peut-on dresser un chat ?

Contrairement à une croyance répandue, les chats peuvent être dressés et comptent parmi les plus intelligents des animaux de compagnie. L'intelligence d'un chat adulte est souvent comparée à celle d'un enfant de trois ans, et l'on sait combien un enfant de trois ans peut être intelligent et malin. Est-ce un hasard si les chats sont meilleurs à dresser leurs maîtres que les maîtres à les dresser ? Votre chat vous tapote-t-il le visage jusqu'à ce que vous lui fassiez une place dans votre lit ? Vous réveille-t-il la nuit pour réclamer à manger ? Si vous cédez quand il miaule à 3 heures du matin, vous renforcez ce comportement sans le savoir. Il apprendra vite que ses miaulements sont récompensés par de la nourriture et vous n'aurez plus une nuit tranquille !

Le dressage est plus souvent associé au chien. Les chiens sont appréciés pour leur obéissance et leur désir d'apprendre, alors que les chats sont considérés à tort comme têtus, rebelles et impossibles à éduquer. Certes, ils ne réagissent pas au dressage de la même façon que les chiens, mais il est tout à fait possible de les dresser. Le dressage consiste à comprendre l'animal et ses motivations. Les chats aiment faire plaisir à leur maître, les chats aiment se faire plaisir !

Comprendre votre chat

Vous réussirez à dresser votre chat en prenant le temps de le comprendre et en mettant à profit son comportement naturel. Les chats apprennent vite quand on sait les motiver. Il est alors possible de lui enseigner des ordres simples comme « assis » ou de lui faire accomplir certaines tâches, par exemple utiliser une chatière. Vous obtiendrez aussi une meilleure coopération pour la toilette, les contrôles de santé et autres manipulations. C'est bon pour sa

santé physique et mentale et cela renforcera le lien entre vous.

Ce que vous devez savoir

Les deux points clés pour éduquer un chat sont, d'une part, de respecter son comportement et ses motivations naturels, et, d'autre part, d'employer des techniques de renforcement positif basées sur la récompense. Mais le plus important est de ne jamais punir votre chat, pendant le dressage ni à aucun autre moment. Punir ne fonctionne pas et n'a pas sa place dans vos rapports avec nos chats. Cela n'engendre que peur et méfiance, et cela ralentit le processus d'apprentissage.

De plus, une attitude conflictuelle nuira à la confiance que votre chat met en vous. D'un côté, vous êtes celui qui lui fournit toutes ces bonnes choses, mais de l'autre, vous êtes imprévisible et déplaisant sans raison évidente. Le dressage doit être positif, agréable et surtout amusant. Il vous faudra une bonne dose de patience et de compréhension si vous voulez que votre chat vienne à bout de ses exercices. Le dressage doit aller à son rythme, c'est un processus qui prend du temps, mais vous serez récompensé. Le facteur clé de tout dressage est de récompenser aussitôt le comportement désiré. Ainsi, votre chat n'a rien d'autre à craindre qu'une récompense et une expérience positive.

Dressage par récompense

La récompense doit avoir une « valeur spéciale » afin que votre chat reste concentré et motivé. Découvrez quelle est sa récompense préférée (même si c'est un bout de saumon premier choix). Les chiens réagissent généralement à toutes les friandises, quelle que soit leur valeur, et s'efforcent de les mériter même s'ils n'ont pas faim. Mais un biscuit ordinaire a peu de chances de retenir l'attention d'un chat, qui vous tournera le dos et vous ignorera. Les chats peuvent être difficiles et indifférents aux louanges, ce qui vous demandera beaucoup de persévérance. Avant de commencer une séance, assurez-vous que votre chat a faim et manifeste de l'intérêt.

Dressage au cliquet

Le dressage au cliquet est une technique courante dans le monde des chiens, mais elle a été mise au point 30 ans en arrière pour dresser les mammifères marins. On peut très bien l'utiliser aussi avec les chats.

Renforcement positif

Le dressage au cliquet est une méthode d'entraînement positive, la nourriture servant de principal outil de renforcement. Elle exclut les punitions et se déroule sous forme de brèves séances régulières. Correctement appliquée, l'animal appréciera l'entraînement et progressera très rapidement, avec des résultats impressionnants. Toutes les séances doivent être positives et amusantes. Les signaux doivent être clairs et les récompenses données au bon moment, deux facteurs de réussite que l'usage du cliquet facilite.

Comment ça fonctionne ?

Un cliquet est un petit objet en plastique muni d'une languette métallique qui produit un « clic » quand on le presse. Ce son très particulier a peu de chances de ressembler aux autres bruits dans l'environnement de votre chat. Le cliquet constitue un moyen de communication dénué d'ambiguïté entre vous et votre chat, servant de « passerelle » entre le comportement désiré et la récompense de l'animal. Quand votre chat fait ce qui est attendu, cliquez immédiatement et récompensez-la avec une gâterie. Il apprendra vite

que le clic signifie qu'il a fait une chose désirable et qu'une récompense va suivre. On peut bien sûr utiliser la voix, mais le cliquet est un moyen de communication plus rapide, plus simple et plus efficace. Le clic facilite également la signalisation précise du comportement désiré. Les animaux vivent dans le présent ; pour qu'un entraînement soit efficace, il faut leur faire savoir immédiatement qu'ils ont fait ce qu'on attendait d'eux.

« Armer le cliquet »

La première étape consiste à habituer votre chat au son du cliquet et à lui apprendre à associer ce son avec une récompense. Rappelez-vous que pour augmenter les chances de succès, il est important de choisir une gâterie spéciale et de régaler votre chat avec sa friandise favorite. Utilisez de préférence un aliment mou comme du poulet, plus facile et plus rapide à manger. Un biscuit est trop long à mâcher et le chat risque d'oublier l'association entre le comportement et la récompense.

Une fois la bonne gâterie identifiée, coupez-la en tout petits morceaux. Pour vous donner une idée, la bonne taille pour un chien de taille moyenne (comme un labrador) est celle d'un petit pois. Voyez quelle est la bonne taille pour un chat ! Bien qu'il travaillera dur pour recevoir sa récompense, il ne s'agit pas non plus de le faire grossir. La nourriture n'est d'ailleurs pas le seul outil de renforcement possible, vous pouvez utiliser tout ce qui peut le motiver. Néanmoins, la plupart des chats préfèrent un bon morceau de saumon ou de jambon à un mot de louange ou à un jouet.

Pour commencer, prenez quelques bons morceaux dans votre main et asseyez-vous par terre avec votre chat. Pour l'instant, n'exigez de lui aucun comportement particulier ; il s'agit seulement d'associer le son du cliquet avec une récompense immédiate. Certains chats y parviennent presque du premier coup, d'autres prennent plus de temps. Soyez patient et ne le bousculez pas. S'il paraît indifférent ou s'éloigne avec dédain, ne vous découragez pas. La récompense choisie n'est peut-être pas assez motivante, ou, plus simplement, il n'a pas faim. Essayez une autre friandise ou attendez qu'il ait faim. Une séance ne doit pas durer plus de quelques minutes et doit toujours terminer sur une note positive. Dès que votre chat a associé le clic et la récompense, il est

temps de proposer quelques exercices simples et des techniques de cliquet plus poussées.

Trois façons de travailler au cliquet

Pour dresser un chat à un comportement donné, on peut utiliser une de ces trois techniques : « fixer », « façonner » et « leurrer ». Chacune a ses avantages et il est possible de les associer. Avec du temps et de la patience, vous pourrez enseigner ce que vous voudrez à votre chat, par exemple entrer dans son panier de transport ou réaliser des tours comme « assis » ou « agite la patte ». Le mot « tour » n'a rien de dégradant pour votre chat. Cela consiste simplement à mettre à profit certains de ses gestes naturels et à les modifier (par renforcement positif) jusqu'à obtenir un comportement un peu différent. Quel que soit l'exercice choisi, il est destiné à améliorer sa vie quotidienne en lui apportant de la stimulation.

« Fixer » un comportement

Cela consiste à choisir un comportement que votre chat fait déjà naturellement, comme s'asseoir, se coucher ou se rouler sur l'herbe, et à lui enseigner à le faire sur commande. Par exemple, s'il se couche de son propre gré, cliquez juste au moment où son corps touche le sol puis lancez-lui une gâterie. Par la suite, il devra se lever pour venir chercher sa récompense. À ce stade, il ne saura pas ce qui lui vaut un bon morceau, mais, après quelques répétitions, il y a des chances pour qu'il associe le fait de se coucher avec sa récompense. Cette technique requiert beaucoup de temps et de patience avant que se forme l'association entre le comportement et l'ordre correspondant.

« Façonner » un comportement

Il est également possible d'enseigner un nouveau comportement, comme donner la patte, en « façonnant » celui-ci. Cela consiste à décomposer un comportement complexe en courtes séquences et à récompenser chaque progrès, aussi petit soit-il, dans la bonne direction.

Pour enseigner à votre chat à lever la patte, cliquez chaque fois qu'il soulage légèrement une patte de son poids, et recommencez plusieurs fois. Ensuite, attendez qu'il décolle légèrement la patte du sol pour cliquer et lui donner sa friandise. Ainsi, vous récompensez chaque étape du mouvement jusqu'au but final.

« Leurrer » votre chat avec des friandises

Cette technique consiste à guider votre chat dans la position recherchée à l'aide d'une friandise ou d'une baguette de dressage (voir page 31). Par exemple, pour guider votre chat en position assise, prenez une gâterie (le leurre) et tenez-la juste au-dessus et un peu en arrière de sa tête. En se penchant en arrière pour attraper le leurre, son arrière-train touchera naturellement le sol. Cliquez, puis donnez-lui sa récompense.

Mots clés

Quelle que soit la technique utilisée, vous pouvez donner un nom ou « mot clé » au comportement désiré une fois que votre chat l'associe au clic et à la récompense. Ce mot devra être bref et unique, facile à dire et à mémoriser et décrivant le comportement concerné, par exemple « assis », « reste » ou « panier ».

Par exemple, une fois que votre chat a appris à s'asseoir dans un endroit précis, ajoutez le mot clé « assis » (ou un signe de la main), afin qu'il associe ce mot avec le fait de s'asseoir. Cette association ne sera pas immédiate ; il faudra beaucoup de répétitions avant qu'il n'apprenne à s'asseoir au commandement. Soyez patient et donnez-lui le temps de progresser.

Plan de dressage en 21 jours

Ce plan inclut de nombreux exercices au cliquet faisant appel aux trois techniques présentées ci-dessus. Si vous aimez expérimenter, élargissez l'usage du cliquet à d'autres exercices. Restez toujours positif et, surtout, n'oubliez pas de vous amuser !

Préparatifs

L'introduction de ce livre vous a fourni les connaissances théoriques sur votre chat, sur le monde tel qu'il le voit et sur ses besoins. Elles vont vous servir pour le plan de dressage en 21 jours.

Avant de commencer les exercices, vous devrez avoir fourni à votre chat un environnement approprié et tout ce dont il a besoin. Vous devez aussi vous sentir prêt et vérifier que vous avez les outils et l'équipement requis sous la main. Il n'y a rien de plus frustrant que de commencer un exercice et de devoir s'arrêter à mi-parcours parce qu'il manque une pièce importante.

Liste de contrôle

À l'aide de la liste de contrôle ci-contre, vous pourrez vérifier que votre chat a tout ce qu'il lui faut et que vous disposez des éléments nécessaires. Vous possédez sûrement déjà certains d'entre eux ; d'autres sont moins courants et devront être empruntés ou achetés avant de pratiquer les exercices auxquels ils sont destinés. Quant aux équipements de la vie quotidienne, comme le bac à litière, le griffoir et les écuelles, choisissez leur emplacement avec soin.

Prêt ? Partez !

Voici venu le moment de passer à la pratique. Vous aurez besoin de l'aide d'une autre personne pour certains exercices : consultez le plan à l'avance pour savoir quand. Si possible, suivez le plan jour après jour, dans l'ordre des exercices. Si vous ratez un jour (nous avons tous des vies bien remplies), reprenez simplement là où vous vous êtes interrompu. Certains chats ont du mal à comprendre ce qu'ils doivent faire en un seul jour. Si c'est le cas, n'abandonnez pas, mais recommencez jusqu'à ce que votre chat y parvienne. Rappelez-vous que les clés de la réussite sont la patience, la persévérance et surtout le plaisir. J'espère que l'aventure vous plaira.

Ressources et besoins

Bac à litière

Un seul chat dans la maison :

- ❒ Un grand bac ouvert (couvercle ôté)
- ❒ 5-8 cm de litière à petit grain
- ❒ Dans un endroit discret et calme
- ❒ Loin des écuelles à manger et boire
- ❒ Loin des appareils bruyants

Plusieurs chats dans la maison (en plus du reste) :

- ❒ Un bac par chat + un bac de réserve
- ❒ Des emplacements différents

Griffoir

Un seul chat :

- ❒ Un grand griffoir vertical et stable
- ❒ Un griffoir du commerce couvert de sisal ou une bûche avec son écorce
- ❒ Bien visible dans un lieu où votre chat passe beaucoup de temps, près de là où il dort

Plusieurs chats :

- ❒ Un griffoir par chat
- ❒ Des emplacements différents

Perchoirs élevés

Un seul chat :

- ❒ Plusieurs places de repos élevées
- ❒ Dans un coin ensoleillé avec vue sur l'extérieur

Plusieurs chats :

- ❒ Plusieurs places de repos par chat
- ❒ Dans des coins différents

Jouets

- ❒ Jouets interactifs : baguette ou canne à pêche
- ❒ Jouets à pousser, comme des souris en plastique et de petites balles

Travail au cliquet

- ❒ Un cliquet
- ❒ Une baguette de dressage ou autre (baguette chinoise)
- ❒ Bons morceaux (poulet émincé)

Toilette

- ❒ Brosse
- ❒ Gant
- ❒ Dentifrice pour chat
- ❒ Coupe-griffes

Autres

- ❒ Harnais et laisse
- ❒ Collier à fermoir de sécurité
- ❒ Panier de transport
- ❒ Feuilles ou spray d'herbe-à-chats (ou cataire)

Optionnel

- ❒ Arbre à chat et passerelle à chat

Partie 2 : Le programme en 21 jours

Votre guide pas à pas pour dresser votre chat

Jour 1

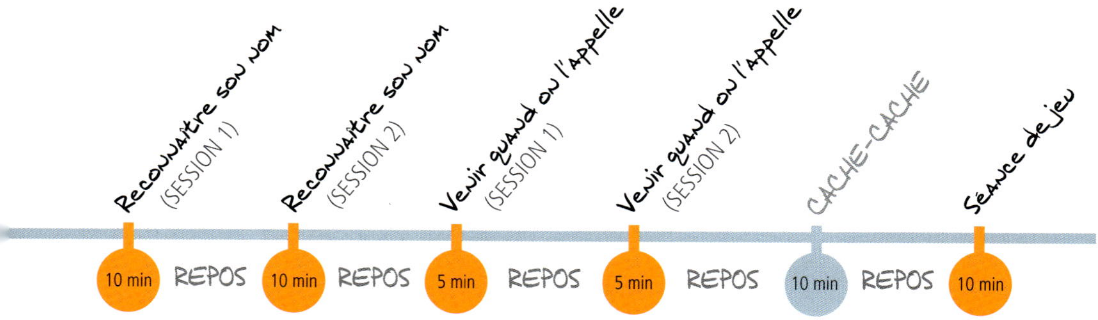

Reconnaître son nom

Savoir reconnaître son nom est l'un des apprentissages fondamentaux. Grâce à lui, vous pouvez attirer l'attention de votre chat même lorsqu'il est tenté par des situations déplaisantes ou dangereuses, et il pourra répondre quand vous l'appelez (voir page ci-contre).

1 Lorsque votre chat est près de vous, prononcez son nom doucement. S'il vous regarde, récompensez-le. Quand il commence à vous regarder dans l'anticipation d'une gâterie, félicitez-le et récompensez-le immédiatement. Récompensez-le chaque fois qu'il tourne la tête vers vous en réponse à son nom.

2 Répétez plusieurs fois son nom en lui donnant sa friandise. Au moment de son repas, donnez-lui en un peu à la main en prononçant doucement son nom. Répétez cet exercice plusieurs fois, mais les séances doivent être brèves.

3 Le soir, pendant qu'il se repose sur vos genoux, caressez-le doucement en répétant son nom d'une voix calme. Il associera bientôt le son de son nom avec une réaction plaisante de votre part.

Venir quand on l'appelle

Éduquer son chat à venir à l'appel de son nom est amusant et pratique : vous pourrez l'appeler pour manger ou pour jouer quand il vous plaira. Comptez au moins deux séances par jour d'environ 5 minutes chacune.

1 Tenez-vous à quelques pas de lui et appelez-le par son nom. Quand il vient, récompensez-le aussitôt. Une fois qu'il associe son nom à quelque chose d'agréable, passez à l'étape 2.

2 Appelez-le depuis une autre pièce. Il finira par arriver en courant même quand vous êtes hors de sa vue. Récompensez-le avec une friandise ou une séance de jeu.

3 Pratiquez cet exercice jusqu'à ce qu'il accoure au premier appel. Puis allongez la distance et donnez-lui plus de distractions. Ne récompensez que ses réactions les plus rapides pour augmenter sa réactivité.

Cache-cache

Lancez un défi à votre vieux chat qui répond déjà à son nom en lui proposant un jeu de cache-cache.
Cachez-vous (dans un endroit facile au début), puis appelez-le. Chaque fois qu'il vous trouve, récompensez-le. Augmentez la difficulté en vous cachant dans des endroits obscurs !

Conseils pour lui apprendre son nom

- Pour lui apprendre son nom, armez-vous de friandises spéciales, comme des morceaux de poulet. Les chats sont rarement motivés par leurs biscuits ordinaires.
- Pour l'appeler, n'utilisez pas toutes sortes de petits noms affectueux. N'en utilisez qu'un et n'en changez pas.
- Ne l'appelez pas quand il sort ou quand il est distrait par autre chose. Au début, appelez-le seulement lorsqu'il vous regarde.
- Le reste de la famille doit être au courant de votre technique et utiliser le même nom que vous.
- N'appelez jamais un chat par son nom dans un contexte déplaisant, par exemple prendre un médicament, sinon il ne répondra plus.

Jour 2

Apprendre la litière — 10 min
REPOS
Venir quand on l'appelle (JOUR 1) — 5 min
REPOS
VIEUX CHATS ET LITIÈRE — 10 min
REPOS
Armer le cliquer — 5 min
REPOS
EXERCICE AU CLIQUET « Assis » — 5 min
Séance de jeu — 10 min

Apprendre la litière

Les chats sont des animaux naturellement très propres, et c'est généralement la mère qui leur enseigne la propreté. Mais certains chatons sont privés de cet enseignement ou ont besoin d'un coup de pouce supplémentaire pour acquérir de bonnes habitudes.

1 Placez le bac à litière dans un lieu calme et discret, puis remplissez-le de plusieurs centimètres de litière à petit grain. Portez votre chat jusqu'au bac pour qu'il sache où il se trouve et posez-le doucement dedans. Il ne se passera peut-être rien, mais récompensez-le pour sa présence.

2 Faites bouger ses pattes avant avec douceur en simulant le fouissage. Il comprendra vite. Répétez souvent la séquence pendant la journée, surtout après un repas, une sieste ou une séance de jeu. Parlez-lui d'une voix douce et encourageante.

3 S'il se met à flairer la litière, reculez-vous pour lui laisser de l'intimité. Dans la journée, guettez les signes indiquant qu'il veut faire ses besoins, par exemple s'il gratte ou flaire, et placez-le dans le bac. Ne le forcez jamais à y entrer et ne punissez pas les « accidents ».

Armer le cliquet

Une fois que votre chat sait associer le bruit du cliquet avec une récompense, celui-ci devient un outil de dressage efficace. Enseigner cette association s'appeler « armer le cliquet ».

1 Prenez un morceau d'aliment préféré de votre chat et donnez-le lui en cliquant en même temps (un seul clic !). Donnez-lui la gâterie à la main ou lancez-la sur le sol. Il apprendra bientôt que le clic est synonyme de récompense.

2 Répétez l'exercice encore et encore, sans lui parler ni le toucher. Maintenant, cliquez d'abord et donnez le morceau après. Ne faites qu'un seul clic chaque fois et ne tenez pas le cliquet près de lui.

Exercice au cliquet

« Assis »

Pour enseigner cette tâche simple, agenouillez-vous et tenez une gâterie juste au-dessus de sa tête. En se penchant en arrière, il s'assoira tout naturellement. Recommencez plusieurs fois, puis ajoutez le mot « assis » une fois qu'il s'assied spontanément.

Vieux chats et bacs à litière

Les vieux chats et les chats venant d'un refuge pour animaux ont parfois une aversion pour le bac à litière, pour toutes sortes de raisons. Il faut d'abord identifier le problème pour pouvoir lui enseigner de nouvelles habitudes, ce qui demande énormément de patience.

• Au début, placez plusieurs bacs dans des lieux discrets et enlevez les couvercles. Si vous avez plusieurs chats, prévoyez un bac par chat plus un bac supplémentaire. Mettez différents substrats dans chaque bac, par exemple du terreau à rempoter, du sable et de la litière à petit grain. Les chats étant très propres, astreignez-vous à vider souvent tous les bacs.

• D'une voix douce, montrez les bacs à votre chat et récompensez chaque progrès, puis appliquez les étapes 1 à 3 de « Apprendre la litière » (page de gauche). Ne le punissez jamais, cela renforcerait son aversion.

Jour 3

- Faire ses griffes au bon endroit — 10 min
- REPOS
- Apprendre la litière (JOUR 2) — 5 min
- REPOS
- EXERCICE AU CLIQUET « Assis » (JOUR 2) — 5 min
- REPOS
- VIEUX CHATS ET GRIFFES — 10 min
- REPOS
- Travailler avec une baguette de dressage — 5 min
- EXERCICE AU CLIQUET Renforcement — 5 min
- Séance de jeu — 10 min

Faire ses griffes au bon endroit

Faire ses griffes est un comportement naturel. Les chats ont besoin de gratter pour garder leurs griffes en bon état, marquer leur territoire et étirer leurs muscles. Il est bien plus facile d'enseigner de bonnes habitudes que d'empêcher un chat de griffer des objets interdits.

1 Proposez à votre chat un griffoir approprié (voir page 11). Encouragez-le à l'utiliser en suspendant un jouet à proximité ou en le frottant avec de l'herbe à chat. S'il vient reconnaître l'objet, félicitez-le et récompensez-le aussitôt.

2 Encouragez-le à utiliser le griffoir en le grattant avec vos ongles ; cela suffit souvent. Refaites cela plusieurs fois par jour et récompensez chaque comportement positif avec une friandise.

3 Les chats se font souvent les griffes après une sieste : placez le griffoir près de l'endroit où il aime dormir. Chaque fois qu'il approche, touche ou gratte le griffoir, récompensez-le. S'il griffe les meubles, ne le punissez pas, mais soulevez-le, posez-le près du griffoir et récompensez-le.

Travailler avec une baguette de dressage

En entraînant votre chat à suivre une baguette de dressage, vous jetterez les bases de nombreux exercices à venir. Cela demande un peu de temps et de patience, mais cela en vaut la peine.

1 Frottez un peu de nourriture au bout de la baguette. Tenez-la quelques centimètres devant votre chat. Quand il la flaire ou la touche, cliquez et récompensez-le immédiatement.

2 S'il ne comprend pas, avancez la baguette vers son museau sans attendre qu'il s'en approche, puis cliquez et récompensez. Refaites l'exercice plusieurs fois en cliquant et en récompensant votre chat chaque fois qu'il réagit d'une manière ou d'une autre.

3 Une fois que votre chat manifeste de l'intérêt, éloignez un peu plus la baguette pour le forcer à se déplacer. Cliquez et récompensez-le. Recommencez en tenant la baguette à des distances variées. Les séances doivent être brèves et se terminer avant qu'il ne se lasse.

Vieux chats et griffoir

Réapprendre à un vieux chat à utiliser le griffoir est beaucoup plus long que de dresser un chaton. Il est toujours plus facile d'enseigner un bon comportement que d'en corriger un mauvais. Voici comment procéder :

- Équipez les objets qu'il ne doit pas griffer d'un dispositif dissuasif (par ex. du ruban adhésif double-face).
- Ne le punissez pas quand il gratte au mauvais endroit, cela ne ferait qu'empirer les choses.
- Placez un griffoir en sisal dans les endroits les plus griffés.
- Appliquez les étapes 1 à 3 de « Faire ses griffes au bon endroit » (page de gauche).
- Du temps, de la patience et un renforcement positif sont les clés du succès.

Exercice au cliquet

Renforcement

Renforcez les comportements désirés à l'aide du cliquet. Chaque fois que vous voyez votre chat utiliser le griffoir, cliquez immédiatement – la précision est cruciale ! Il ne mettra pas longtemps à comprendre que faire ses griffes sur le nouvel objet a des conséquences agréables.

Jour 4

Nouveau chat, vieux chat

Des présentations mal négociées sont la principale cause de tensions quand plusieurs chats cohabitent sous un même toit. Ces problèmes sont parfois difficiles à régler sans l'aide d'un professionnel. Les instructions et astuces fournies dans les doubles pages qui suivent devraient aider vos chats à établir des relations harmonieuses.

Laisser le temps au temps...

Contrairement à une croyance courante, les chats ne sont pas des animaux solitaires et apprécient souvent la compagnie bénéfique d'un autre félin. Mais les chats étant territoriaux par nature, les présentations doivent se dérouler lentement et avec précaution. Si vous précipitez les choses ou si vous vous contentez de mettre les chats en présence, vous aurez des chats malheureux, en conflit permanent, avec d'éventuels troubles du comportement difficiles à corriger.

Pour établir l'harmonie dès le départ et favoriser une amitié solide entre vos chats, étalez les présentations dans le temps et au rythme du vieux chat. Les exercices structurés de « Présenter un nouveau chat » (pages 33 et 36-37) devraient vous aider à créer une cohabitation harmonieuse et heureuse.

Exercice au cliquet

Tissu à odeurs

Le cliquet vous aidera à renforcer les interactions positives pendant la période d'habituation. La meilleure technique consiste à cliquer et à récompenser la moindre réaction au tissu de l'autre chat (voir ci-dessous). Par exemple, quand un chat s'approche du tissu de l'autre ou le flaire, cliquez et lancez-lui une friandise. Cliquer au bon moment est crucial, tenez-vous prêt. Si un chat joue ou dort près du tissu de l'autre ou ne montre pas de réaction négative, cliquez et récompensez-le. Un comportement non négatif est positif et doit être renforcé immédiatement.

Présenter un nouveau chat - Partie 1

Choisissez une pièce « refuge » où le nouveau chat vivra au début. Cette pièce doit avoir une porte solide, des cachettes et tout ce dont il a besoin : bac à litière, écuelles, couchette et quelques jouets. Quand vous l'installez dans son refuge, le vieux chat ne doit pas le voir, ni entrer en contact avec lui.

1 Une fois le nouveau venu installé, enseignez à chaque chat à accepter l'odeur de l'autre en échangeant leurs phéromones faciales. Prenez un tissu ou une chaussette que vous frottez doucement autour du menton et de la gueule du nouveau chat, afin de prélever des phéromones de ses glandes odorantes.

2 Placez le tissu dans le coin de l'autre chat. Ne le forcez pas à flairer le tissu, mais laissez-le faire. Récompensez le moindre pas en direction du tissu. S'il n'exprime aucune réaction négative, félicitez-le et récompensez-le.

3 Répétez les étapes 1 et 2 avec le vieux chat, en prélevant ses phéromones pour les présenter au nouveau chat. Refaites l'exercice une fois par jour pendant plusieurs jours. Quand les chats sont calmés, passez à la deuxième partie (page 36).

Jour 5

- Présenter un chien — 15 min
- REPOS
- Présenter un nouveau chat Partie 1 (JOUR 4) — 10 min
- REPOS
- EXERCICE AU CLIQUET Tissu à odeurs (JOUR 4) — 10 min
- EXERCICE AU CLIQUET Sauter sur une chaise — 5 min
- REPOS
- Séance de jeu — 10 min
- REPOS

Présenter un chien

Chats et chiens peuvent devenir d'excellents amis, mais il est crucial de gérer leur première rencontre avec patience et gentillesse.

1 Mettez votre chien dans son coin préféré et votre chat dans son refuge, en lui laissant le temps de s'habituer. Une fois qu'il est calmé, faites-leur sentir l'odeur l'un de l'autre afin qu'ils s'y habituent. Récompensez tous les comportements positifs.

2 Dès que l'étape 1 a réussi, placez-les dans la pièce de l'autre sans leur permettre d'entrer en contact. Ainsi, ils se couvriront de l'odeur de l'autre et la rapporteront chacun chez soi. Récompensez-les pendant ce séjour chez l'autre, puis remettez-les dans leurs pièces respectives.

3 Installez une barrière pour bébé dans la porte du refuge du chat. Tenez votre chien en laisse et faites-le asseoir à distance de la porte, et récompensez-le quand c'est vous et non le chat qu'il regarde. Si un des deux animaux paraît tendu, éloignez-les de la barrière. Répétez l'exercice en les rapprochant progressivement.

Exercice au cliquet

Sauter sur une chaise

Dès que votre chat est habitué à la baguette de dressage (page 31), apprenez-lui à sauter sur une chaise.

Attirez son attention sur la baguette, cliquez et récompensez-le quand il la touche. Puis déplacez la baguette jusque sur la chaise. Si votre chat s'étire dans sa direction ou saute sur la chaise pour toucher la baguette, cliquez et récompensez aussitôt. Pratiquez cet exercice plusieurs jours de suite.

Conseils pour un chat et un chien heureux

- Si vous devez vous absenter pendant la période des présentations, remettez les animaux dans leurs coins respectifs.
- Laissez la barrière à bébé en place pendant quelques semaines, afin que le chat se sente toujours en sécurité dans son refuge.
- Nourrissez votre chat dans un lieu surélevé, hors de portée de votre chien ; cela l'aidera à se sentir en sécurité.
- Prévoyez plusieurs voies de fuite pour votre chat au cas où il se sente menacé.
- Laissez son bac à litière dans son refuge, auquel le chien ne doit jamais accéder.
- Ne précipitez pas les choses, des présentations réussies demandent du temps.

4 Faites marcher le chien devant la barrière et récompensez leur calme. Si le chien fonce sur la barrière, ne le punissez pas, mais éloignez-le et refaites une tentative. Pratiquez cet exercice pendant quelques jours.

5 Une fois que chat et chien sont détendus en présence l'un de l'autre, nourrissez-les en même temps, à distance respectable, de chaque côté de la barrière. Tenez le chien en laisse et récompensez les deux animaux à chaque comportement positif.

6 Une fois qu'ils semblent apprécier la présence de l'autre, laissez-les se déplacer librement dans la maison, mais toujours sous surveillance. Attachez la laisse de votre chien (elle doit traîner par terre pour pouvoir la bloquer du pied) jusqu'à ce qu'il ne fasse plus attention au chat.

Jour 6

Présenter un nouveau chat Partie 2 — 15 min
REPOS
Présenter un chien (JOUR 5) — 5 min
REPOS
EXERCICE AU CLIQUET Sauter sur une chaise (JOUR 5) — 5 min
EXERCICE AU CLIQUET Bondir — 5 min
REPOS
Séance de jeu — 10 min
REPOS

Présenter un nouveau chat - Partie 2

Une fois que vos chats ne paraissent plus incommodés par l'odeur de l'autre, il est temps de les rapprocher. En procédant lentement, vos chats devraient bien s'entendre.

1 Une fois que les chats ont une odeur commune, placez-les chacun dans la pièce de l'autre, sans leur permettre d'entrer en contact. Récompensez leur calme avant de les ramener dans leurs coins respectifs.

2 Apprenez-leur à associer la présence de l'autre à une chose plaisante, comme de la nourriture. Placez les deux écuelles avec leurs aliments préférés à distance égale de la porte du refuge. Rapprochez progressivement les écuelles de la porte quand vos chats paraissent détendus.

3 Une fois que les chats mangent sans problème à côté de la porte, ouvrez-la de quelques centimètres et bloquez-la avec une cale. Répétez l'exercice plusieurs fois dans la journée avec de petites portions de nourriture. Même si cela prend du temps, ne précipitez pas les choses.

Conseils pour une amitié solide

• Les séances d'entraînement requièrent du temps et de la patience. Ne précipitez pas les choses. Elles doivent se dérouler au rythme de vos chats afin qu'ils restent détendus.
• Si vous observez un langage corporel négatif, tels que balancement de la queue, oreilles couchées ou sifflements, reprenez quelques étapes en arrière.
• Pour réduire la concurrence, chaque chat doit disposer de ses cachettes et de sa couchette surélevée.
• Chaque chat doit avoir ses propres écuelles pour boire et manger.
• Comptez un bac à litière par chat plus un bac supplémentaire.
• Organisez des séances de jeu interactif régulières.
• Toutes les séances doivent se dérouler sous votre surveillance.

Exercice au cliquet

Bondir

Placez quelques chaises à la file, puis incitez votre chat à sauter sur la première chaise à l'aide de la baguette de dressage. Cliquez, puis récompensez-le. Déplacez la baguette jusqu'à la chaise suivante et recommencez en récompensant tous les bons résultats. Bientôt, il bondira de chaise en chaise.

4 Remplacez la porte du sanctuaire par un écran grillagé afin que les chats se voient. Placez à nouveau les écuelles à bonne distance de la porte et rapprochez-les progressivement. Procédez lentement, à un rythme qui semble leur convenir.

5 Suscitez une séance de jeu commun à l'aide d'un jouet à deux bouts. Passez-le à travers le grillage, avec une extrémité de chaque côté. Encouragez-les à jouer avec un peu d'herbe à chat.

6 Si les deux chats vous paraissent détendus en mangeant et en jouant, enlevez la barrière. Si l'un des deux montre de l'anxiété ou de l'agressivité, séparez-les immédiatement et revenez quelques étapes en arrière.

Jour 7

Heureux dans vos bras — 5-10 min
REPOS
Présenter un nouveau chat & Présenter un chien (JOURS 4-6) — 5 min
REPOS
Avec les enfants — 5 min
REPOS
MASSAGE — 5-10 min
EXERCICE AU CLIQUET « Assis » (JOUR 2) — 5 min
Séance de jeu — 10 min

Heureux dans vos bras

Cet exercice aidera votre chat à tolérer d'être touché et manipulé. Plus il fait cette expérience jeune et plus il sera facile à câliner, à toiletter, à transporter et à soigner. Les jeunes chats peuvent s'exercer pendant 10 minutes, les vieux pas plus de 5 minutes.

1 Attendez que votre chat soit calme. Au début, contentez-vous de le toucher. Caressez-lui doucement le crâne ou la base de la queue (les chats apprécient beaucoup les caresses dans ces zones), mais ne touchez pas son ventre ni ses pattes. Félicitez-le et récompensez-le.

2 Peu à peu, touchez d'autres zones de son corps en le récompensant à chaque fois. Les séances doivent être brèves, les manipulations agréables. Ne précipitez pas les choses, mais suivez son rythme. S'il veut s'échapper, laissez-le faire sans chercher à le retenir.

3 Essayez maintenant de le tenir brièvement. Soulevez-le doucement. Il doit se sentir soutenu et non entravé. Tenez-le quelques secondes avant de le reposer. Récompensez-le et félicitez-le. S'il ne proteste pas, augmentez peu à peu la durée.

Avec les enfants

Les enfants adorent caresser et tenir les chats, mais cela peut effrayer le chat s'il n'y est pas habitué. Il est impératif de surveiller les interactions entre votre enfant et le chat.

1 Les chats sont parfois plus nerveux avec les enfants, plus remuants et imprévisibles. Demandez à votre enfant de s'asseoir calmement et d'éviter les gestes brusques. Quand le chat s'approche de lui, dites à votre enfant de le récompenser et de le caresser doucement.

2 Avec des friandises, encouragez le chat à monter sur les genoux de votre enfant. Demandez à celui-ci de rester calme et détendu. Quand le chat est sur ses genoux, il peut le caresser brièvement, puis le féliciter et le récompenser. N'obligez pas le chat à rester et laissez-le partir s'il le souhaite.

3 Répétez cet exercice plusieurs jours de suite en augmentant peu à peu la durée. Encouragez votre enfant à rester calme et à ne jamais serrer ou contraindre le chat. C'est le chat qui doit dicter le rythme ; ne maintenez pas une fréquence qui lui déplaît.

Massage

Masser un chat le débarrasse de ses tensions et vous donne l'occasion de l'ausculter à fond. Massez-le doucement par des mouvements des pouces en partant de la tête, puis en descendant sur le cou, le dos et les pattes arrière. Le massage peut être abrégé avec les chats vieux ou nerveux.

Tenir un vieux chat

Les vieux chats n'apprécient pas toujours qu'on les tienne. Certains ont des douleurs chroniques, ont été peu socialisés ou sont craintifs. Voici les points importants :

- Les vieux chats ont souvent une tolérance plus faible au contact.
- Arrêtez l'exercice dès que vous percevez des signes d'anxiété.
- Soyez patient et prêt à répéter les exercices plus souvent qu'avec un chaton.
- Ne le forcez jamais et ne lui criez jamais dessus.

Jour 8

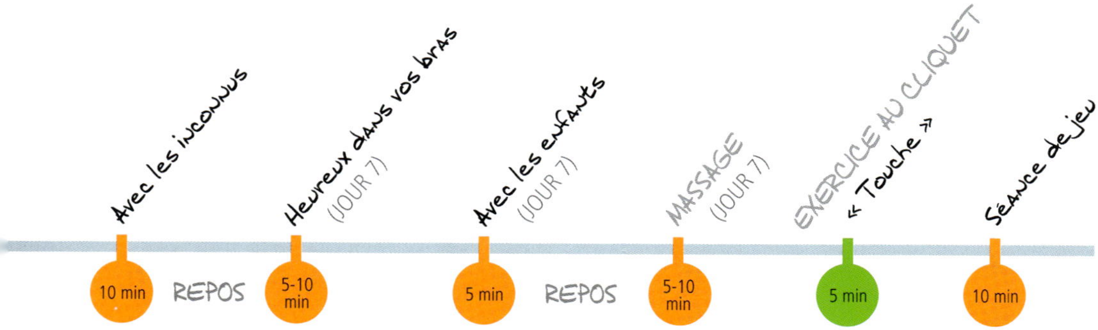

Avec les inconnus

Il est important de familiariser votre chat aux visites. Un chat calme n'aura besoin que d'un dressage basique (sautez aux étapes 4 à 6). Mais un chat craintif ou insuffisamment socialisé requiert plus d'assurance et d'entraînement.

1 Placez votre chat dans sa pièce refuge, branchez un diffuseur de phéromones et laissez la porte entrouverte. Demandez à un ami de sonner à la porte et faites-le entrer dans le salon. Évitez toute interaction à votre chat s'il se montre.

2 Discutez brièvement avec votre ami, puis rendez visite à votre chat. Parlez-lui doucement, puis prenez un jouet interactif et agitez-le comme si de rien n'était. S'il joue, récompensez-le ; s'il reste caché, laissez-le tranquille.

3 Au bout de 15 minutes, retournez voir votre visiteur et répétez l'étape 2. Votre chat finira peut-être par vous suivre dans le salon, mais il faudra plusieurs séances avant qu'il prenne confiance. Gardez votre calme et récompensez chaque progrès.

Cliquet malin

- Faites des séances brèves, positives et amusantes.
- Soyez régulier.
- Cliquez/récompensez aussitôt le comportement désiré.
- Ne cliquez qu'une seule fois pour marquer votre approbation.
- Ne cliquez pas quand le comportement n'est pas désiré.
- Terminez toujours sur une note positive.
- Soyez patient et ne punissez jamais votre chat.

Exercice au cliquet

« Touche »

Une fois que votre chat sait toucher la baguette de dressage, introduisez le mot clé « touche »

1 Tenez la baguette et dites « touche » dès que son nez entre en contact avec la baguette. Cliquez et récompensez immédiatement.

2 Pour renforcer ce comportement, faites de brèves sessions toute la journée. Cliquez au bon moment, et récompensez chaque succès et prononcez le mot clé avec le comportement correspondant.

4 Une fois que votre chat entre au salon, saluez-le d'une voix douce. Demandez à votre visiteur d'éviter le contact oculaire et les interactions. Les choses doivent aller au rythme de votre chat. Récompensez son calme et chaque avancée amicale vers votre visiteur.

5 S'il est réservé et observe de loin, incitez-le à entrer dans la pièce avec un jouet pour l'aider. S'il se met à jouer, donnez-lui une gâterie et caressez-le. Ne le forcez jamais à entrer dans le salon. C'est à lui de prendre la décision.

6 S'il cherche à interagir avec votre visiteur, demandez à celui-ci de lui lancer une friandise. Puis suggérez à votre visiteur de tendre le bras vers le chat, qui se rapprochera s'il en a envie. Récompensez toutes les comportements positifs. Répétez cet exercice plusieurs jours de suite.

Jour 9

Chasse au sol — 7 min
Chasse aérienne — 7 min
REPOS
Avec les inconnus (JOUR 8) — 5 min
REPOS
EXERCICE AU CLIQUET « Touche » (JOUR 8) — 5 min
REPOS
COURSE D'OBSTACLES — 10 min
REPOS
Séance de jeu — 10 min

Chasse au sol

Le jeu est une activité essentielle pour les chats de tous âges. Jouer est amusant, mentalement stimulant, prévient l'ennui et diminue l'anxiété, et c'est un excellent exercice physique. Pour finir, le jeu est une occasion excellente de renforcer le lien entre vous.

1 Le jeu est une activité essentielle pour les chats de tous âges. Jouer est amusant, mentalement stimulant, prévient l'ennui et diminue l'anxiété, et c'est un excellent exercice physique. Pour finir, le jeu est une occasion excellente de renforcer le lien entre vous.

2 Attachez une souris en plastique à une baguette à l'aide d'une ficelle. Cachez la souris derrière un meuble, par exemple un pied de table, afin de stimuler l'instinct de chasse de votre chat. Il croira avoir affaire à une vraie souris !

3 Faites bouger le jouet à la manière d'une vraie proie, en alternant mouvements lents et rapides. Continuez jusqu'à ce qu'il se plaque au sol, suive le jouet et bondisse. Laissez-le capturer le jouet de temps à autre pour ne pas qu'il se sente frustré.

Chasse aérienne

Les chats ont une énergie incroyable et le jeu leur fournit un exutoire tout en satisfaisant leur instinct de chasse. Cet exercice lui permettra de bondir et de s'étirer.

1 Reprenez le dispositif utilisé pour la chasse au sol (page de gauche) en remplaçant la souris par une plume. Faites-la bouger en imitant le vol d'un oiseau. Cela plaira aux chats qui aiment la hauteur et préfèrent les poursuites aériennes.

2 Relevez le jouet d'un geste rapide. Quand votre chat le « capture », laissez-lui goûter aux joies du succès. Cela l'aidera à prendre confiance en lui.

3 Pour finir, ralentissez les mouvements du jouet, comme si la « proie » se fatiguait. Laissez-le chat l'attraper et terminez la séance en lui donnant un bon morceau.

Pas de bulles ni de lasers

Les pointeurs laser et les bulles de savon peuvent vous paraître amusants, mais c'est très frustrant pour votre chat, car il ne « capture » jamais rien et cela peut finir par engendrer un comportement compulsif. Les jouets interactifs, comme celui présenté ici, stimulent mieux les chats et leur donnent la récompense qu'ils méritent.

Course d'obstacles

Créez un parcours d'obstacle avec des boîtes en carton, des chaises et de stables. Puis encouragez votre chat à bondir de l'un à l'autre, en utilisant son goût pour le jeu.

Vous serez surpris de voir à quel point cela stimule votre chat et resserre les liens entre vous.

Jour 10

Ne pas s'enfuir par la porte — 5-10 min
Chasse au sol (JOUR 9) — 5 min
REPOS
Chasse aérienne (JOUR 9) — 5 min
REPOS
EXERCICE AU CLIQUET « Debout » — 5 min
REPOS
COURSE D'OBSTACLES (JOUR 9) — 5 min
Séance de jeu — 10 min

Ne pas s'enfuir par la porte

Si votre chat s'enfuit par la porte d'entrée quand vous l'ouvrez, il risque d'avoir un accident et même de se tuer. Cet exercice lui enseignera à refréner ce comportement. Les jeunes chats peuvent travailler 10 minutes, les vieux pas plus de 5 minutes.

1 Désignez un « point rencontre » chez vous. C'est l'endroit où votre chat devra se tenir quand vous quittez la maison et quand vous rentrez, près d'une fenêtre dans l'idéal. Laissez-y des friandises, toilettez-le et jouez ici avec lui ici afin qu'il associe cet endroit avec des choses agréables.

2 Pour l'éduquer à rester là quand vous partez, appelez-le à l'endroit choisi et récompensez-le dès qu'il y est. Une fois installé, tenez votre main devant lui, paume en avant, et dites « reste ». Récompensez-le aussitôt.

3 Augmentez peu à peu la durée de l'exercice. Après avoir dit « reste », attendez quelques secondes de plus avant de le récompenser. S'il s'agite ou s'en va, recommencez. Restez calme et patient !

Conseils de dressage

- N'exigez pas trop, ni trop vite.
- Les séances doivent être brèves et finir sur une note positive.
- Attendez que votre chat ait faim et utilisez des gâteries particulières.
- Soyez cohérent, calme et patient.
- Même le chat le mieux dressé peut rechuter, soyez vigilant.
- Faites pucer votre chat au cas où il se perde.
- Dans un environnement stimulant, votre chat sera moins susceptible de s'enfuir.

Exercice au cliquet

« Debout »

Faites asseoir votre chat. Grattez-le sur la croupe : il devrait soulever automatiquement l'arrière-train et se lever. À ce moment, cliquez et donnez-lui une friandise. Recommencez plusieurs fois pour renforcer ce comportement. Une fois que l'association est faite, ajoutez le mot « debout » dès qu'il se lève.

4 Une fois qu'il reste régulièrement sur place pendant 5 secondes, ajoutez des distractions. Dites « reste » et reculez de quelques pas ; récompensez-le s'il reste à sa place. Augmentez peu à peu la distance et répétez l'exercice plusieurs jours de suite.

5 Avant de quitter la maison, appelez votre chat au point rencontre. Dites « reste », félicitez-le et récompensez-le. Laissez quelques gâteries et un jouet, et allez doucement à la porte. S'il vous suit, remettez-le à sa place et recommencez.

6 De retour chez vous, ne faites attention à lui que s'il se trouve au point rencontre. Dans ce cas, félicitez-le et récompensez-le toujours. En partant comme en rentrant, ne vous intéressez à lui que s'il est à sa place. Comportez-vous toujours de manière cohérente.

Jour 11

- Apprivoiser les bruits inconnus — 5-10 min
- Ne pas s'enfuir par la porte (JOUR 10) — 5 min
- REPOS
- Quand l'enfant paraît — 5 min
- REPOS
- EXERCICE AU CLIQUET « Debout » (JOUR 10) — 5 min
- EXERCITE AU CLIQUET « Fais coucou » — 5 min
- Séance de jeu — 10 min

Apprivoiser les bruits inconnus

Le jeune âge est le meilleur moment pour habituer votre chaton aux bruits inhabituels, mais l'exercice peut aussi servir à rassurer les vieux chats (séances de moins de 5 minutes).

1 Un aspirateur est terrifiant et imprévisible. Pour habituer votre chat à son bruit (et autres bruits effrayants), demandez à un ami de mettre un aspirateur en marche dans une autre pièce. Pendant ce temps, récompensez votre chat avec une friandise ou une séance de jeu. L'exercice doit être bref; interrompez-le si le chat est stressé.

2 Mettez l'aspirateur en marche dans la même pièce que le chat et demandez à votre ami de se rapprocher très doucement pendant que vous récompensez votre chat en lui parlant d'une voix calme et douce. Guettez les signes d'inquiétude et faites reculer l'aspirateur s'il a peur.

3 Si le chat ne paraît pas gêné par le bruit, rapprochez encore l'aspirateur pour trouver la distance à laquelle il se sent bien. Continuez de lui donner sa friandise préférée. S'il a peur, arrêtez et reprenez plus tard.

Quand l'enfant paraît

Les pleurs et la présence d'un bébé peuvent être insupportables pour un chat. Mais vous pouvez préparer l'arrivée du bébé et créer une amitié durable.

Avant l'arrivée du bébé

Avant l'arrivée du bébé, choisissez un coin refuge pour votre chat avec tout ce dont il a besoin, y compris un diffuseur de phéromones. Habituez-le aux pleurs d'un bébé à l'aide d'un enregistrement diffusé à bas volume, et récompensez-le quand il se détend. Pour finir, mettez-vous de la lotion pour bébé et du talc pour qu'il s'habitue à leurs odeurs.

Quand le bébé arrive

À l'arrivée du bébé, conservez une routine aussi normale que possible pour votre chat et donnez-lui autant d'attention qu'avant. Dans une pièce calme, laisse-le observer, approcher et sentir le bébé sous votre surveillance constante, et récompensez les comportements positifs. Ne le forcez jamais à s'approcher du bébé et assurez-vous qu'il peut toujours se réfugier dans son coin.

Feux d'artifice et pétards

- Créez un refuge pour votre chat et branchez un diffuseur de phéromones.
- Procurez-lui des cachettes, par ex. une boîte en carton, où il se sentira en sécurité.
- Fermez portes, fenêtres et chatières pour l'empêcher de s'enfuir.
- Mettez de la musique apaisante pour couvrir le bruit des feux d'artifices.
- Restez calme et comportez-vous normalement, sinon vous communiquerez votre anxiété à votre chat.

Exercice au cliquet

« Fais coucou »

Le chat étant assis, faites bouger une friandise d'avant en arrière. Quand il tend la patte pour essayer de l'attraper, cliquez et récompensez. Répétez l'exercice. Soyez patient, cet apprentissage prend du temps.

Jour 12

- Gagner son pain — 10 min
- REPOS
- Alimentation active — 10 min
- Apprivoiser les bruits inconnus (JOUR 11) — 5 min
- REPOS
- Quand l'enfant paraît (JOUR 11) — 5 min
- REPOS
- LANCER DE CROQUETTES — 5 min
- EXERCICE AU CLIQUET « Fais coucou » (JOUR 11) — 5 min
- Séance de jeu — 10 min

Gagner son pain

Dans la nature, les chats passent des heures à chasser. Mais, dans une maison, ils n'ont plus besoin de chasser et manquent souvent de stimulation et d'activité, et ils s'ennuient. Encourager un chat à « gagner son pain » est un bon moyen d'embellir sa vie.

1 Divisez la ration de votre chat en plusieurs petits bols que vous placez dans des endroits variés, bien visibles et facilement accessibles. Votre chat devra chercher dans toute la maison, stimulant son comportement de recherche et de chasse.

2 Une fois qu'il a l'habitude de chercher les bols, placez ceux-ci dans des lieux plus difficiles d'accès, par exemple sur un meuble ou derrière un rideau, en augmentant peu à peu la difficulté. Cela lui fournira une stimulation physique et mentale.

3 Une fois qu'il réussit, augmentez encore la difficulté ! Cachez les petites portions dans des endroits obscurs, ou couvrez-les avec un tissu ou du carton. Les repas seront encore plus passionnants et lui fourniront de l'activité.

Alimentation active

Les chats adorent jouer avec la nourriture, ce qui amuse beaucoup moins leurs proies. Quelques jouets simples permettront à votre chat de satisfaire ce penchant naturel.

1 Lavez et rincez une bouteille en plastique, et percez quelques trous assez grands pour que des croquettes passent à travers. Puis mettez-en un peu dans la bouteille. Il découvrira très vite ce qu'il doit faire.

2 Collez ensemble six rouleaux de papier hygiénique pour former une pyramide ; mettez quelques croquettes dans certains rouleaux. Au début, facilitez-lui la tâche en plaçant les croquettes sur le bord ; plus tard, placez-les plus à l'intérieur.

3 Fabriquez une boîte à forme en collant une boîte en carton et en découpant sur les côtés quelques trous assez grands pour que le chat puisse y glisser la patte, mais pas la tête. Mettez des croquettes à l'intérieur pendant qu'il vous regarde faire.

Lancer de croquettes

Prenez quelques croquettes et lancez-en une loin de votre chat. Il la poursuivra comme il ferait avec une proie.

Variez vos lancers pour augmenter la difficulté : lancez une croquette en l'air, lancez plus fort ou plus loin. Votre chat gagnera vite en adresse.

Les avantages de l'alimentation active

Les exercices présentés dans cette double page ont plusieurs avantages pour votre chat :

- Ils stimulent son esprit.
- Ils combattent l'ennui.
- Ils lui font faire de l'exercice.
- Ils lui font éprouver le plaisir de la capture.
- Ils réduisent les comportements destructeurs induits par l'ennui.
- Ils l'empêchent de se goinfrer.

Ne lui donnez pas de supplément de nourriture : la nourriture utilisée dans les exercices doit provenir de sa ration quotidienne.

Jour 13

- L'habituer à la brosse — 10 min
- Brosser un chat vieux ou récalcitrant — 5 min
- Gagner son pain (JOUR 12) — 5 min
- REPOS
- EXERCICE AU CLIQUET « Assis sur l'arrière-train » — 5 min
- REPOS
- EXERCICE AU CLIQUET « Debout » (JOUR 10) — 5 min
- REPOS
- Séance de jeu — 10 min

L'habituer à la brosse

Tous les chats ont besoin d'être brossés régulièrement pour maintenir leur pelage en condition et renforcer le lien avec vous. Il est préférable de les habituer au plus jeune âge, mais si votre chat est plus vieux, essayez l'exercice de la page opposée.

1 Le brossage doit être une expérience positive pour votre chat. Commencez par poser la brosse près de lui et récompensez-le chaque fois qu'il s'en approche. Puis tenez la brosse dans la main et félicitez-le quand il s'approche pour l'inspecter. Vous pouvez le brosser sur une table, mais attention à sa sécurité.

2 Alternez une caresse à la main avec un brossage plus appuyé. Contentez-vous des zones les plus faciles à brosser, comme la tête, le menton et le dos. Parlez-lui avec douceur et récompensez-le. Recommencez plusieurs fois.

3 Répétez l'exercice sur des zones plus difficiles, comme les pattes arrière. Commencez avec un seul brossage, puis augmentez le nombre peu à peu. Soyez patient, allez lentement et récompensez toutes les réactions positives. Arrêtez s'il réagit négativement et réessayez quand il sera plus calme.

Brosser un chat vieux ou récalcitrant

Avec un vieux ou chat ou un chat rétif au brossage, l'entraînement sera plus long et vous devrez d'abord gagner sa confiance en le caressant doucement et en le récompensant, sans brosse en vue.

1 Remplacez la brosse par un gant de brossage ; plus doux, celui-ci habituera le chat à un autre contact que votre main. Procédez très doucement en vous limitant à la tête, à la nuque et au dos. Félicitez-le et récompensez-le toujours.

2 Une fois qu'il tolère le gant, essayez les étapes 1 à 3 de la page de gauche. Limitez-vous d'abord à la tête et à la nuque et n'étendez le brossage que s'il reste calme. S'il montre des signes d'anxiété, revenez un peu en arrière. Terminez toujours sur une note positive.

Conseils pour le brossage

Quelle fréquence pour le brossage ?

Prévoyez plusieurs séances par semaine. Au printemps et en automne, quand votre chat perd ses poils, le brossage doit être plus fréquent. Commencez avec une brosse à poils doux avant de passer à d'autres ustensiles de toilette.

Brosser un chat à poil long

Les chats à poil long ont besoin d'un brossage plus intensif : brossez-le tous les jours et assurez-vous que le pelage à la base de la queue et sur l'arrière des pattes postérieures n'est pas souillé. Essayez de démêler les nœuds éventuels avec vos doigts. Si vous n'y parvenez pas, consultez un vétérinaire ou un toiletteur professionnel.

Exercice au cliquet

« Assis sur l'arrière-train »

Votre chat étant assis, tenez une gâterie juste au-dessus de son nez. Cliquez et récompensez-le dès qu'une de ses pattes décolle légèrement du sol. Recommencez plusieurs fois en déplaçant la friandise au-dessus de sa tête, et ne cliquez que si sa patte monte plus haut. Peu à peu, tenez la friandise toujours plus haut jusqu'à ce qu'il finisse par s'asseoir.

Jour 14

Brossage des dents		Couper les griffes		CONTRÔLE DE SANTÉ étapes 1 & 2		CONTRÔLE DE SANTÉ étapes 3 & 4		EXERCICE AU CLIQUET « Assis sur l'arrière-train » (JOUR 13)		Séance de jeu
5 min	REPOS	5 min	REPOS	10 min	REPOS	10 min	REPOS	5 min	REPOS	10 min

Brossage des dents

Brosser les dents de votre chat est un élément important de la toilette. Une bonne hygiène dentaire est indispensable à sa santé et prévient les abcès et le tartre.

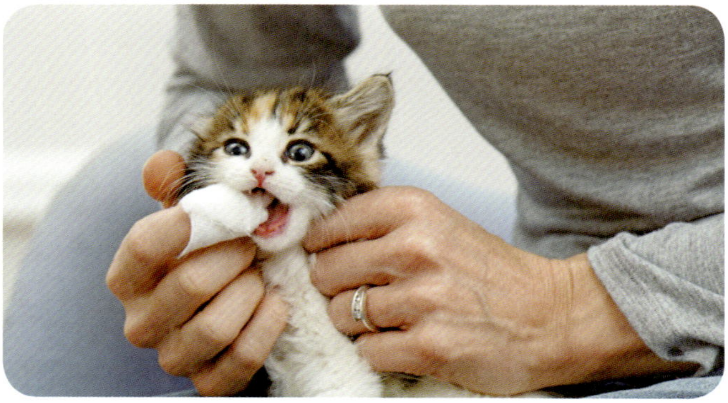

1 Prenez votre chat sur les genoux et caressez doucement sa tête et les commissures de sa gueule. Récompensez-le immédiatement. S'il tolère ce contact, essayez de toucher ses lèvres. S'il se laisse faire, touchez ses dents. Récompensez-le à chaque étape.

2 Puis enroulez de la gaze autour de votre doigt et plongez-la dans le liquide d'une boîte de thon, et frottez-lui brièvement les dents avec. Récompensez-le aussitôt. Répétez souvent jusqu'à ce qu'il soit à l'aise avec la procédure.

3 Avec une brosse à dents et du dentifrice pour chat, brossez-lui doucement quelques dents. Arrêtez-vous, félicitez-le et récompensez-le. Plus tard dans la journée, essayez de lui brosser d'autres dents pour augmenter peu à peu son niveau de tolérance.

Couper les griffes

Couper les griffes de votre chat est important pour sa santé, car cela le débarrasse de la saleté et des microbes, et vous protège tous les deux en cas de coup de griffe.

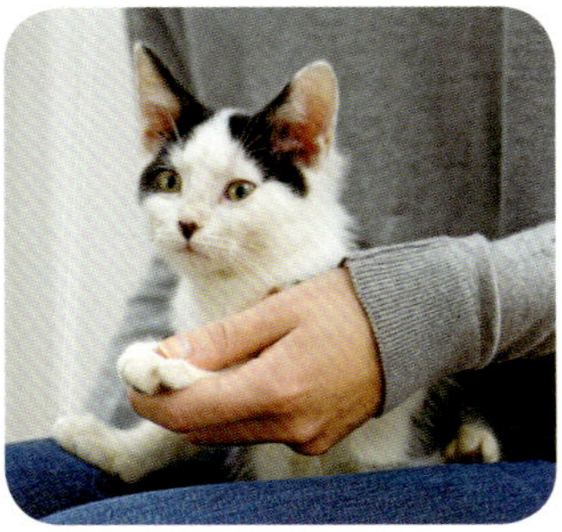

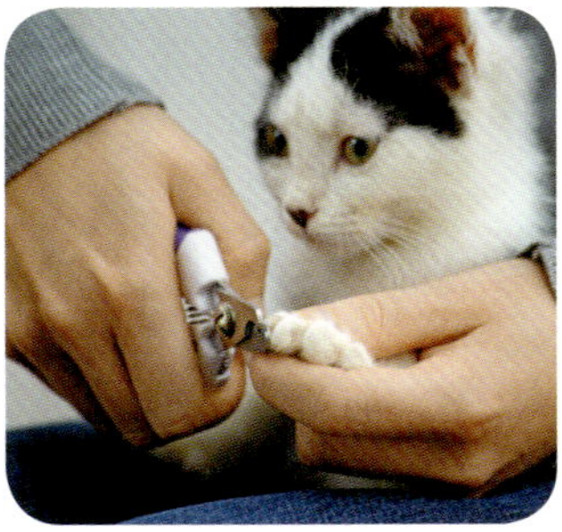

1 Entraînez votre chat à vous laisser toucher ses pattes. Prenez sa patte entre le pouce et l'index et appuyez très légèrement. Relâchez la pression et récompensez-le. Puis appuyez sur la patte pour faire sortir ses griffes et récompensez-le de nouveau.

2 Laissez-lui inspecter le coupe-griffes en posant celui-ci à proximité. Habituez-le au bruit du coupe-griffe en coupant une poignée de spaghetti crus, et récompensez-le en même temps.

3 Augmentez son niveau de tolérance en faisant semblant de lui couper les griffes. S'il se laisse faire, coupez la pointe d'une griffe et récompensez-le. Soyez prêt à ne couper qu'une seule griffe ou deux à la fois et terminez toujours sur une note positive. Répétez plusieurs jours de suite.

Contrôle de santé

1 Commencez par les yeux, qui doivent être brillants et propres. Puis passez aux oreilles, qui doivent être propres, roses et sans odeur. S'il se gratte les oreilles ou la tête, c'est peut-être un signe de gale des oreilles.

2 En lui brossant les dents, observez sa bouche : les gencives doivent être roses et il doit avoir bonne haleine. Le nez doit être sec et sans écoulement.

3 Passez-lui la main sur le corps à la recherche de bosses et de boules. Des points noirs dans le pelage sont peut-être des puces.

4 Pour finir, vérifiez son anus : il ne doit pas être rouge ni souillé, vous ne devez pas voir de vers (les ténias ressemblent à de petits grains de riz). Si vous découvrez une anomalie pendant ce bref bilan, consultez le vétérinaire. Récompensez votre chat pendant le contrôle.

Jour 15

- Apprendre la chatière — 5-10 min
- Brossage des dents (JOUR 14) — 5 min
- REPOS
- Couper les griffes (JOUR 14) — 5 min
- REPOS
- CONTRÔLE DE SANTÉ (JOUR 14) — 5-10 min
- REPOS
- EXERCICE AU CLIQUET « Donne la patte » — 5 min
- REPOS
- Séance de jeu — 10 min

Apprendre la chatière

Beaucoup de chats apprennent d'eux-mêmes à utiliser une chatière, par essai et erreur. Mais une chatière peut effrayer un chaton ou un chat craintif ; il faut donc lui enseigner qu'il n'a rien à craindre. Limitez la durée à 5 minutes pour les vieux chats.

1 Apprenez à votre chat que la chatière sert à entrer et sortir de la maison. Laissez le rabat grand ouvert à l'aide d'un morceau de scotch ou de ficelle. Félicitez et récompensez votre chat chaque fois qu'il s'approche de l'ouverture.

2 Votre chat sera moins effrayé si vous lui proposez d'entrer dans son refuge plutôt que d'en sortir. Demandez à un ami de le retenir dehors, puis attirez-le par la chatière avec de la nourriture ou un bout de ficelle. Félicitez et récompensez quand il arrive de votre côté.

3 Maintenant, encouragez-le à sortir en utilisant la même technique. Répétez l'exercice plusieurs fois. Ne cherchez pas à le pousser par la chatière. Laissez-le faire à son rythme.

Exercice au cliquet

« Donne la patte »

1 Votre chat étant assis, tendez la main droite et touchez doucement sa patte droite. S'il lève la patte (même à peine), cliquez et récompensez-le. Sinon, soulevez doucement sa patte, cliquez et récompensez. Répétez plusieurs fois.

2 Une fois que l'étape 1 est acquise, ajoutez un mot clé. Avancez la main droite en disant « donne la patte ». S'il lève la patte comme avant, même légèrement, cliquez et récompensez. Persévérez !

Un signal « Sorties interdites »

Dans l'idéal, gardez votre chat à l'intérieur du crépuscule jusqu'à l'aube. La nuit, beaucoup de chats sont dehors et la concurrence est rude.

Si vous verrouillez la chatière, votre chat sera désorienté et essaiera de la pousser quand même. Placez plutôt un obstacle devant le rabat, par exemple une planche ou un tissu. Il associera vite ce signal avec l'impossibilité de sortir.

Utilisez cette technique dès que vous commencez l'apprentissage de la chatière.

4 Peu à peu, abaissez le rabat pendant plusieurs jours. Il peut encore passer dans l'ouverture, mais il doit pousser avec la tête et les pattes pour traverser. Encouragez-le avec de la nourriture ou des jeux et récompensez chaque essai réussi.

5 Abaissez encore le rabat pour qu'il doive forcer pour le soulever. S'il n'y arrive pas, reprenez un peu en arrière. Certains chats apprennent plus vite que d'autres.

6 Pour finir, laissez le rabat fermé. Au début, vous devrez lui prodiguer beaucoup d'encouragements, mais il apprendra bientôt qu'il est facile d'utiliser la chatière et que cela n'est ni effrayant, ni douloureux.

Jour 16

- L'habituer à la laisse — 5-10 min
- Apprendre la chatière (JOUR 15) — 5 min
- REPOS
- CONTRÔLE DE SANTÉ (JOUR 14) — 5 min
- REPOS
- JEU AVEC LE HARNAIS — 5 min
- REPOS
- EXERCICE AU CLIQUET « Donne la patte » (JOUR 15) — 5 min
- REPOS
- Séance de jeu — 10 min

L'habituer à la laisse

Certains chats peuvent être dressés à se promener en laisse. Cela permet aux chats, en particulier les chats d'intérieur, de se promener dehors en sécurité. N'oubliez pas que les chats vieux ou nerveux ont besoin de séances plus courtes.

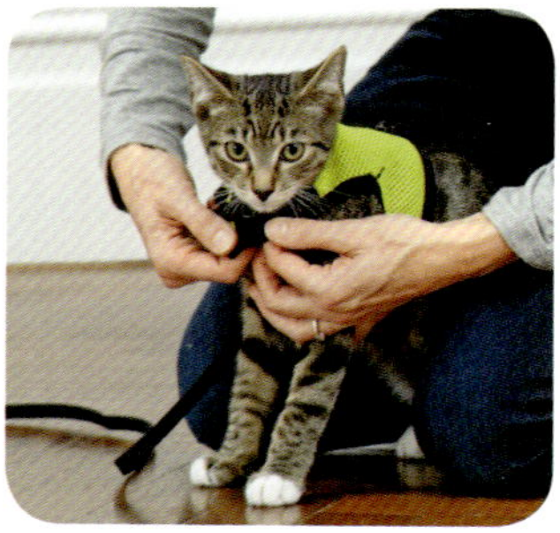

1 Posez le harnais par terre et laissez votre chat le flairer et l'inspecter. Si possible, prélevez des phéromones faciales avec un tissu et frottez celui-ci sur le harnais, qui prendra son odeur.

2 Quand il paraît calme, placez doucement le harnais sur son dos, sans l'attacher, et distrayez le chat avec une friandise. Retirez doucement le harnais et recommencez plusieurs fois. Chaque fois que vous posez le harnais et que le chat reste calme, récompensez-le.

3 Une fois que votre chat est à l'aise avec l'étape 2, attachez le harnais en détournant son attention avec une gâterie. L'expérience doit être positive pour votre chat !

Jouer avec le harnais

Une fois que votre chat accepte bien le harnais, jouez pendant 5 minutes avec le harnais attaché, par exemple une chasse au sol ou une chasse aérienne (voir pages 42-43).

Conseils pour le harnais

- Les baudriers fonctionnent comme les harnais à lanières, mais les chats se sentent plus en sécurité et les acceptent mieux.
- Trouvez la taille qui convient à votre chat et ajustez le harnais correctement pour son confort et sa sécurité.
- Prenez votre temps. L'acceptation de la laisse peut prendre des semaines.
- Si vous allez dans le jardin, ses vaccinations et son traitement anti-puces doivent être à jour.
- Une fois que votre chat a pris goût aux sorties, veillez à ce qu'il ne s'enfuie pas par la porte.

4 Laissez-le se promener avec le harnais sans attacher la laisse. Répétez cette étape plusieurs fois en augmentant progressivement la durée. Une fois qu'il accepte le harnais, attachez la laisse pour de courtes périodes. Laissez-le se promener en traînant la laisse. Récompensez-le, puis prenez la laisse dans la main, appelez-le et récompensez-le quand il vient. Répétez plusieurs fois avant de vous risquer dans le jardin.

5 Laissez votre chat sortir de son propre gré, sans tirer sur la laisse. Appelez-le par son nom d'une voix douce et récompensez-le dès qu'il répond. Ne vous éloignez pas les premières fois, contentez-vous de rester près de la maison.

6 Jour après jour, augmentez peu à peu la distance parcourue jusqu'à ce qu'il se promène à l'aise. Continuez à récompenser ses réactions positives. S'il montre des signes de tension, revenez quelques étapes en arrière. Allez à son rythme.

Jour 17

Accepter le panier de transport — 5-10 min
REPOS
L'habituer à la laisse (JOUR 16) — 5 min
REPOS
JEU AVEC HARNAIS (JOUR 16) — 5 min
REPOS
EXERCICE AU CLIQUET « Donne-m'en cinq! » — 5 min
EXERCICE AU CLIQUET « Assis sur l'arrière-train » (JOUR 13) — 5 min
Séance de jeu — 10 min

Accepter le panier de transport

Un panier de transport est indispensable. Vous pouvez enseigner à votre chat à entrer tout seul dedans, mais, s'il est craintif, cela peut prendre des semaines. Limitez les séances à 5 minutes pour les vieux chats.

1 Posez le panier dans une pièce très familière. Placez une couverture douce sur le plancher et ôtez la porte. Dès que le chat inspecte le panier, récompensez-le. S'il l'ignore, ne le forcez pas à entrer.

2 Placez quelques gâteries près du panier pour l'encourager à s'approcher. S'il est nerveux et refuse les friandises, c'est qu'elles sont vraisemblablement trop proches. Reculez-les et donnez-lui du temps.

3 Une fois qu'il mange les friandises près du panier, placez-en une à l'intérieur. S'il s'approche et prend la friandise, mettez les autres friandises plus loin dans le panier.

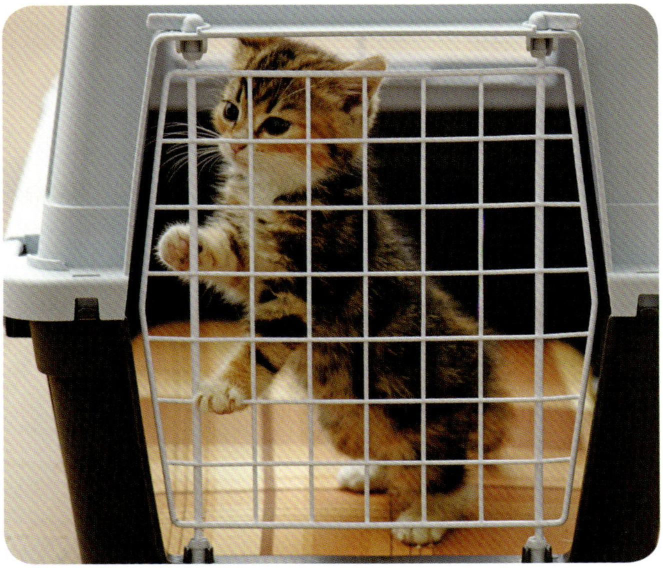

4 Remettez la porte en place et laissez-la ouverte. Posez une gâterie dans le panier. Quand le chat entre, refermez la porte quelques secondes, rouvrez et récompensez-le. Répétez plusieurs fois en augmentant le temps de fermeture. Ajoutez le mot « entre » d'une voix chaleureuse chaque fois que vous mettez une friandise dans le panier. Récompensez chaque progrès. Revenez quelques étapes en arrière si votre chat est nerveux ou hésitant.

5 Pour finir, fermez la porte et soulevez le panier pendant quelques secondes, et récompensez le chat quand vous rouvrez la porte. Augmentez le temps de fermeture ainsi que la hauteur du panier au-dessus du sol.

Conseils pour le panier de transport

- Placez-le toujours dans un endroit sûr quand le chat est dedans, afin qu'il se sente en sécurité.
- Le chat doit pouvoir se tourner et se lever sur ses pattes sans rester plaqué au sol.
- N'utilisez pas le panier que pour aller chez le vétérinaire, sinon il établira une association négative.
- Après un voyage désagréable en panier, recommencez le processus d'habituation.
- Vérifiez toujours que la porte est bien fermée et verrouillée quand le chat est à l'intérieur.

Exercice au cliquet

« Donne-m'en cinq ! »

1 Placez la main au-dessus de sa patte. Quand il vous touche, cliquez, récompensez et félicitez-le. S'il ne touche pas votre main, retirez la récompense et abaissez légèrement la main avant de recommencer.

2 Tenez votre main avec les doigts vers le haut. Si le chat la touche, cliquez et récompensez, sinon abaissez la main. Quand il vous touche régulièrement la main, ajoutez « donne m'en cinq ! »

Jour 18

- En voiture avec votre chat — 5-10 min
- Accepter le panier de transport (JOUR 17) — 5 min
- REPOS
- L'habituer à la brosse (JOUR 13) — 5 min
- REPOS
- EXERCICE AU CLIQUET « Saute » — 5 min
- REPOS
- EXERCICE AU CLIQUET « Donne-m'en cinq! » (JOUR 17) — 5 min
- Séance de jeu — 10 min

En voiture avec votre chat

Il est important d'aider votre chat à surmonter sa peur du trajet en voiture, afin que ces moments soient le moins perturbants possible pour tous. Limitez les séances à 5 minutes pour les vieux chats.

1 Faites entrer votre chat dans le panier et posez celui-ci sur le siège arrière. Laissez la portière ouverte, asseyez-vous à côté de lui et récompensez-le pour son calme.

2 Répétez l'étape 1, cette fois en fermant la portière. Restez dans la voiture avec lui pendant 1 ou 2 minutes, puis rentrez-le dans la maison. Récompensez-le par une friandise ou une séance de jeu.

3 Répétez l'étape 2 et mettez le moteur en marche, laissez-le tourner 1 ou 2 minutes et rentrez le chat dans la maison. Reprenez une étape en arrière s'il montre des signes d'agitation. Allez lentement, à son rythme.

Exercice au cliquet

« Saute »

1 Installez un obstacle à sauter, baguette ou planche. Demandez à un ami de tenir la baguette. Attirez le chat de l'autre côté de l'obstacle à l'aide la baguette de dressage. Soyez patient, car le premier saut est toujours le plus difficile. Cliquez et récompensez quand il réussit.

2 Une fois qu'il saute sans problème, ajoutez le mot clé « saute », puis cliquez et récompensez juste après le saut. Augmentez peu à peu la hauteur de l'obstacle ou employez des obstacles nouveaux.

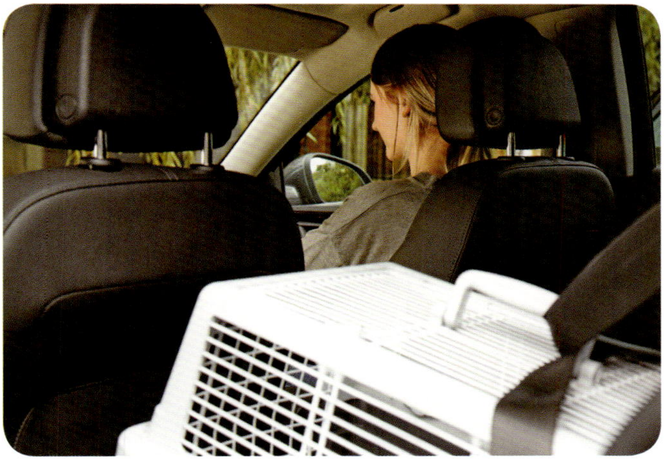

4 Roulez dans l'allée du jardin, puis rentrez aussitôt. Rentrez le chat dans la maison et récompensez-le. Ne précipitez pas cette partie de l'exercice, car le mouvement de la voiture peut l'effrayer. Conduisez en douceur en lui parlant d'une voix calme et rassurante.

5 Une fois que votre chat paraît à l'aise, allongez progressivement son séjour dans la voiture. Prévoyez plusieurs séances dans les jours qui suivent.

Pour que votre chat associe les trajets avec des activités positives, demandez au vétérinaire si vous pouvez lui rendre une visite de courtoisie. Votre chat saura qu'il peut être choyé chez le vétérinaire et pas seulement manipulé en tous sens !

Conseils pour les voyages

- Si votre chat a une aversion pour les trajets, procédez très lentement.
- Aspergez le panier et l'intérieur de la voiture avec des phéromones 30 minutes avant le début de l'exercice.
- Si votre chat ne supporte pas le bruit du moteur, mettez un CD de bruitages dans votre maison et augmentez peu à peu le volume pour qu'il s'habitue au bruit.
- Mettez de la musique calme et relaxante pendant les trajets.
- Attachez le panier avec la ceinture de sécurité.

Jour 19

- Chez le vétérinaire sans stress — 10 min
- En voiture avec votre chat (JOUR 18) — 5-10 min
- REPOS
- L'habituer au panier de transport (JOUR 17) — 5 min
- REPOS
- LE PRÉPARER AUX PIQÛRES — 5 min
- REPOS
- EXERCICE AU CLIQUET « Saute » (JOUR 18) — 5 min
- Séance de jeu — 10 min

Chez le vétérinaire sans stress

Un chaton peut apprendre à vivre positivement une visite chez le vétérinaire. Avec du temps et de la patience, on peut même réduire l'anxiété d'un chat qui a déjà peur du vétérinaire.

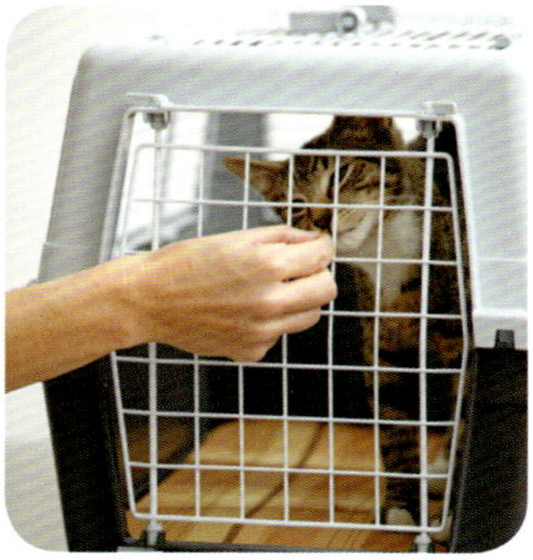

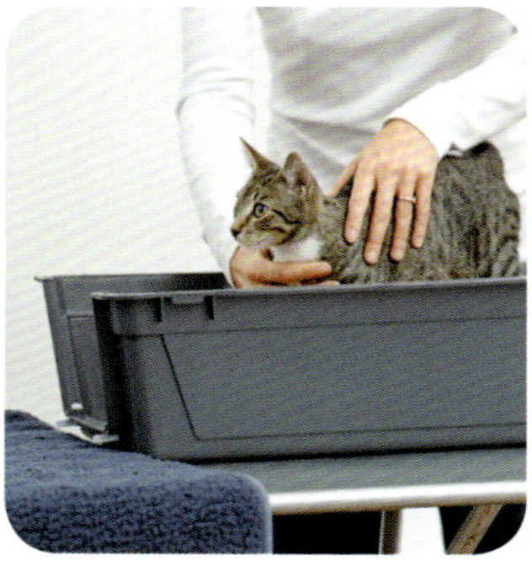

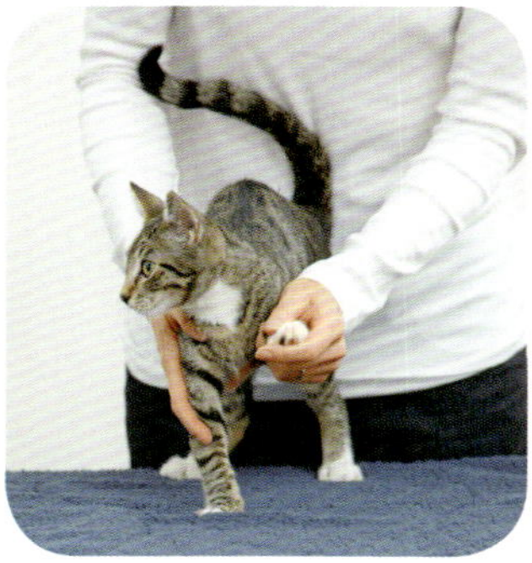

1 À l'accueil, donnez au réceptionniste la friandise préférée de votre chat. Félicitez celui-ci d'une voix douce et rassurante. Posez le panier en hauteur sur une chaise ou sur vos genoux, et couvrez-le si le chat est nerveux.

2 Dans la salle d'examen, enlevez le couvercle du panier. Ainsi, le chat se sent encore en sécurité sur le fond. Distrayez-le avec une gâterie. Quand le vétérinaire vous demandera de le poser sur la table d'examen, étalez sa couverture sur la table pour prolonger le sentiment de sécurité.

3 Soyez calme et tenez votre chat avec douceur, sans contrainte. Si une vaccination est prévue, distrayez-le avec une friandise et entretenez une atmosphère positive. Si possible, faites régulièrement des visites de courtoisie au vétérinaire.

4 Au retour, si vous avez un autre chat, il remarquera des odeurs inconnues (clinique, autres animaux) sur le premier chat. Il risque donc de ne pas le reconnaître malgré son aspect inchangé, et de l'agresser.

5 Pour éviter les conflits, placez le patient dans une autre pièce, sans contact avec le deuxième chat. Avec un tissu, frottez celui-ci pour prélever son odeur, puis frottez le tissu sur le chat à l'isolement.

6 Laissez encore le chat à l'isolement pendant une heure. Vos deux chats devraient avoir maintenant la même odeur. Remettez-les ensemble en les attirant avec des friandises ou en jouant, dans une atmosphère détendue.

Le préparer aux piqûres

1 Caressez votre chat sur la tête, puis sur la nuque. Félicitez-le et récompensez-le. Posez lentement la main sur sa nuque et appliquez une légère pression pendant quelques secondes. Cliquez, puis donnez une friandise. Répétez plusieurs fois.

2 Augmentez progressivement la durée et l'intensité de la pression. S'il est à l'aise, soulevez un peu la peau de sa nuque. Félicitez-le et récompensez-le immédiatement.

3 S'il tolère l'exercice, soulevez la peau de sa nuque et touchez-la avec la pointe ronde d'un stylo. Répétez plusieurs jours de suite en terminant toujours sur une note positive. Il apprendra vite que rester calme pendant qu'on le manipule apporte une récompense.

Jour 20

- Cliquet avancé « Rapporte » — 5 min
- REPOS
- Cliquet avancé « Grimper à l'échelle » — 5 min
- REPOS
- En voiture avec votre chat (JOUR 18) — 10 min
- REPOS
- EXERCICE AU CLIQUET Actionner la sonnette — 5 min
- LE PRÉPARER AUX PIQÛRES (JOUR 19) — 5 min
- Séance de jeu — 10 min

Cliquet avancé : « Rapporte »

Si vous avez pratiqué le cliquet, vous voilà prêt à tenter des exercices plus difficiles. Le dressage au cliquet est stimulant, prévient les problèmes de comportement et, surtout, c'est amusant !

1 Apprendre à rapporter un jouet exerce le talent des chats pour la chasse. Certaines races excellent, d'autres ont besoin de temps et de patience. Appliquez de « jus de thon » sur son jouet préféré et lancez-le hors de sa portée.

2 Récompensez toutes ses réactions positives ; s'il va vers le jouet, le flaire ou le prend, cliquez et récompensez. Soyez patient, il faut plusieurs séances avant qu'il prenne le jouet.

3 S'il transporte le jouet dans votre direction, cliquez et récompensez. Il laissera le jouet pour manger la friandise ; reprenez le jouet et lancez-le à nouveau. Une fois que votre chat rapporte régulièrement le jouet, ajoutez le mot clé « rapporte ». Prenez votre temps et terminez sur une note positive.

Exercice au cliquet

Actionner la sonnette

1 Enseigner à son chat à actionner la sonnette est un joli tour, mais ATTENTION… sinon c'est lui qui vous dressera à réagir à son coup de sonnette ! Attachez des clochettes à un bout de ficelle ou de ruban et suspendez-les au dossier d'une chaise. Appelez votre chat.

2 Placez une friandise derrière les clochettes pour l'inciter à tendre la patte. S'il les touche, cliquez et récompensez-le. Si vous lui avez déjà appris à « faire coucou », dites le mot clé et attendez qu'il touche accidentellement les clochettes.

3 Dès qu'il réussit huit fois sur dix, dites « sonne ». Cliquez et récompensez-le au moment précis ou il touche les clochettes. Répétez l'exercice tous les jours.

Cliquet avancé : Grimper à l'échelle

Voici un beau tour facile à enseigner, surtout si votre chat est habitué à la baguette de dressage. Suivez les instructions et épatez vos amis avec votre chat si habile.

1 Faites venir votre chat au pied d'un escabeau et incitez-le à suivre la baguette sur les premières marches. Dès qu'il est sur la plateforme supérieure, cliquez et récompensez-le. Les chats apprennent à des vitesses variées, soyez patient.

2 Maintenant, faites-le redescendre à l'aide de la baguette de dressage. Quand il est en bas, cliquez, récompensez-le et félicitez-le.

3 Pratiquez plusieurs jours d'affilée en restant toujours positif. Une fois qu'il est à l'aise pour monter et descendre, ajoutez le mot clé « grimpe ». Cliquez et récompensez chaque progrès.

Jour 21

À votre tour !		Cliquet avancé « Rapporte » et Grimper à l'échelle (JOUR 20)		Gagner son pain (JOUR 12)		L'habituer au brossage (JOUR 13)	Heureux dans vos bras (JOUR 7)		Séance de jeu
10 min	REPOS	10 min	REPOS	10 min	REPOS	10 min	10 min	REPOS	10 min

À votre tour !

Ce dernier jour du programme est consacré à vous, son maître. À partir de maintenant, il est important que l'éducation de votre chat continue et qu'il s'épanouisse. Pour cela, intégrez bon nombre des exercices découverts pendant ces trois semaines dans l'emploi du temps quotidien de votre chat.

Beaucoup de problèmes de comportement sont dus à l'impossibilité pour le chat de manifester son comportement naturel, ainsi qu'aux attentes irréalistes de leurs maîtres. Si vous êtes absent toute la journée, il doit avoir assez d'activités et de stimulation pendant ce temps. Ce plan en 21 jours est le point de départ d'une routine quotidienne.

Ces exercices l'auront certainement stimulé et occupé (ainsi que vous), réduisant le risque d'apparition de comportements indésirables. En même temps, ils auront aussi renforcé le lien qui vous unit.

Les « tâches quotidiennes essentielles » de la page de droite doivent faire partie de sa vie de tous les jours. Cela ne vous prendra pas beaucoup de temps, mais, pour lui, cela fera une différence énorme.

Les tâches quotidiennes essentielles

Les tâches ci-dessous sont celles qu'il est fortement recommandé d'effectuer tous les jours pour que votre chat soit heureux, en bonne santé et bien élevé.

Jeu interactif

Prévoyez 15 minutes de jeu interactif matin et soir, avant le repas. Les séances doivent être amusantes et stimulantes, et se terminer par une récompense et des louanges.

Alimentation active

En lui proposant de manger en jouant, vous enrichirez la vie de votre chat. Intégrez les exercices des pages 48-49 dans sa vie quotidienne, matin et soir.

Toilette et contrôle de santé

Prenez l'habitude de brosser votre chat tous les jours, quand il est détendu, de préférence après un repas (voir pages 50-51). C'est aussi l'occasion d'un contrôle de santé (page 53).

Heureux dans vos bras

Continuez de tenir et de prendre votre chat tous les jours (voir pages 38-39). Cela renforcera le lien entre vous et cela facilitera la toilette, le transport et l'administration de médicaments.

Exercices au cliquet

Non seulement c'est une excellente source de stimulation, mais vous pourrez lui enseigner des tours qui sont des prolongements de son comportement naturel, comme grimper. Proposez-lui une ou deux séances par jour.

Assurez lui une routine régulière et amusez-vous !

N'oubliez pas que les chats sont heureux quand leur vie est routinière. Assurez-lui une vie pleine de régularité et, plus que tout, pleine d'amusement !

Partie 3 : 50 problèmes et leur solution

Des solutions simples et rapides aux problèmes épineux

1 : Il mange les plantes d'intérieur

La plupart des chats aiment mâchonner l'herbe, probablement parce que c'est une source rapidement digestible de vitamines, de minéraux et de fibres. Les chats d'intérieur mâchent les plantes ornementales quand ils n'ont pas accès à l'herbe. Mais cela peut être dangereux, car certaines plantes sont toxiques. Il y a deux façons de régler ce problème :

- Ne cultivez que des plantes inoffensives pour les chats et aspergez-les d'un spray répulsif compatible avec les végétaux.
- Fournissez des alternatives acceptables à votre chat, par exemple de l'herbe germée, qu'on trouve dans les magasins pour animaux de compagnie. Plantez l'herbe dans des jardinières pour en faciliter l'accès.

2 : Il pille la poubelle

Même un chat bien nourri peut piller la poubelle de cuisine à la recherche de restes. Cela peut avoir une cause médicale : consultez le vétérinaire. S'il n'y a rien à signaler, essayez les astuces suivantes :

- Déplacez la poubelle sous l'évier, par exemple, pour lui en interdire l'accès. À défaut, équipez le couvercle d'un verrou.
- Entourez le sommet de la poubelle de ruban adhésif double-face : les chats n'aiment pas avoir les pattes collantes.
- Nourrissez-le plusieurs fois par jour à des heures régulières ou utilisez un distributeur automatique programmable. Essayez aussi un jouet d'alimentation active pour le détourner de la poubelle.

3 : Il miaule pour manger

L'obésité est en augmentation constante chez les chats, et le nourrissage à volonté en est le principal coupable. Si sa santé est bonne, que son alimentation est équilibrée mais qu'il réclame quand même à manger, c'est qu'il a appris que miauler lui rapporte souvent une friandise ! Pour ne pas l'alimenter excessivement :

- Ignorez ses demandes de nourriture. Attendez qu'il soit calme pour le nourrir.
- Jouez 10 minutes avec lui avant son repas, car cela mime son comportement naturel : chasser d'abord, manger ensuite.
- Donnez-lui de petites portions fréquentes.
- Pratiquez « L'alimentation active » (pages 48-49).

4 : Il mange trop vite

Si votre chat mange gloutonnement son repas pour le vomir quelques minutes plus tard, voici les causes possibles :

- Il a eu une jeunesse difficile, ne sachant pas quand il mangerait la prochaine fois.
- Il s'ennuie et manque de stimulation.
- Il est stressé parce qu'il mange trop près d'autres animaux.
- Il a un problème de santé, tel que des parasites ou une hyperthyroïdie.

Voici comment l'aider à ralentir :

- Divisez son repas en plusieurs repas plus petits.
- Essayez un distributeur automatique programmable, qui vous permet de maîtriser l'heure et la taille des repas.
- Nourrissez-le dans une boîte à forme (voir page 49), qui le ralentira et lui procurera de la stimulation.
- Si vous avez plusieurs chats, placez leurs écuelles à manger et à boire dans des zones distinctes de la maison.

5 : Il sort sa nourriture de l'écuelle

Il arrive qu'un chat sorte volontairement la nourriture de son écuelle pour manger par terre. Il y a une logique derrière ce comportement. Votre chat n'est pas volontairement sale, il cherche seulement à manger le plus facilement et le plus vite possible. Certains chats détestent avoir les moustaches serrées dans l'écuelle, en particulier les chats à face plate comme les persans. Prenez les mesures suivantes :

- Choisissez une écuelle plate, où il sera peut-être plus à l'aise.
- Séparez l'écuelle à manger de l'écuelle à boire.
- Si vous lui donnez des restes de nourriture fraîche, coupez-les en petits morceaux adaptés à sa bouche.
- Achetez un napperon en plastique à bords relevés pour éviter les salissures sur votre sol.

6 : Il réclame ce qu'il y a dans votre assiette

Beaucoup de chats ont l'habitude de mendier ce qu'il y a dans notre assiette. Même si vous lui donnez rarement satisfaction, il pensera qu'il a des droits sur votre nourriture. Nourrir un chat avec nos aliments risque de déséquilibrer son alimentation, avec les risques sanitaires associés, dont l'obésité. Découragez votre chat en lui apprenant que mendier ne sert à rien :

- Programmez ses repas aux mêmes heures que les vôtres, dans une pièce différente dont vous fermerez la porte. Ne le faites sortir qu'après que vous aurez fini de manger, et récompensez-le.
- Si vous autorisez sa présence dans la salle à manger pendant votre repas, ignorez complètement ses miaulements.
- Gardez votre calme, ne lui criez pas après et ne le repoussez pas. Cela ne fera qu'induire un comportement de recherche d'attention.
- Stimulez-le en lui proposant ses aliments dans une boîte à forme.

7 : Il refuse de boire

De l'eau fraîche et propre est indispensable pour votre chat, surtout s'il ne mange que des croquettes, qui contiennent moins de 10 % d'eau. Si votre chat ne veut pas boire dans son écuelle, vérifiez les points suivants :

- **L'emplacement :** installez l'écuelle dans un lieu calme, loin de l'écuelle à manger. Les chats n'aiment pas que l'eau et la nourriture soient au même endroit.
- **L'écuelle :** essayez différents matériaux, notamment le métal. Les bactéries s'accumulent plus vite dans les écuelles en plastique ou en céramique, et certains chats n'aiment pas l'odeur du plastique.
- **Fraîche, de préférence :** changez l'eau souvent ; les chats ont horreur de l'eau croupie. Essayez l'eau de pluie ou l'eau en bouteille, que certains préfèrent à l'eau du robinet.
- **Plusieurs chats à la maison :** mettez leurs écuelles à eau dans des lieux différents pour réduire les tensions et les conflits.
- **Une fontaine à eau :** certains chats préfèrent cette solution.

8 : Il boit dans les toilettes

Aussi répugnant que cela puisse paraître, certains chats préfèrent boire dans les toilettes plutôt que dans leur écuelle, en grande partie parce que l'eau y est plus fraîche et souvent mieux oxygénée par les chasses récentes. Dans son écuelle, l'eau est peut-être là depuis longtemps, elle est tiède et croupie. Les chats aiment l'eau froide et fraîche.

Le moyen le plus simple de résoudre ce problème est de fermer la porte des toilettes en permanence et de garder le couvercle rabattu. Rendez son écuelle plus attractive en changeant l'eau très régulièrement.

9 : Il refuse le bac à litière

Aussi frustrant que soit ce comportement, votre chat ne le fait pas exprès ni pour se venger. Les conseils suivants vous aideront à résoudre ce problème :

- Faites examiner votre chat par le vétérinaire pour exclure un éventuel problème médical.
- Ne le punissez pas, cela ne fera qu'empirer les choses.
- Veillez à la propreté du bac.
- N'utilisez pas de sac à litière.
- Vérifiez que la taille du bac est adaptée à celle de votre chat.
- Les chats préfèrent les litières non parfumées et à grain fin.
- Placez le bac dans un endroit discret, à l'écart de sa nourriture.
- Si vous avez plusieurs chats, il faut un bac par chat plus un bac de secours.

10 : Il fait ses besoins devant la porte

Il arrive que les chats fassent leurs besoins devant la maison, hors du bac, sans les couvrir. C'est une façon de marquer leur territoire dans des lieux où ils se sentent concurrencés par d'autres chats dont les odeurs lui parviennent de l'extérieur, notamment par la porte d'entrée. Voici comment l'en dissuader :

- Faites disparaître les menaces potentielles en couvrant la chatière et en opacifiant les fenêtres à l'aide d'une peinture pour vitre givrée.
- Enfermez votre chat dans une pièce refuge pendant une semaine (avec tout ce qu'il faut) pour qu'il se sente en sécurité, puis ouvrez-lui progressivement le reste de la maison.
- Ôtez vos chaussures devant la porte pour éviter d'apporter les odeurs de chats étrangers.

11 : Votre vieux chat fait ses besoins hors du bac

Malheureusement, les habitudes de propreté sont les premières à se détériorer chez un chat vieillissant. Il est indispensable de faire la part des troubles comportementaux et des problèmes de santé : consultez le vétérinaire pour éliminer ces derniers. Les mesures suivantes aideront votre chat à retrouver sa dignité :

- S'il a des difficultés pour se déplacer ou s'il souffre d'incontinence, placez des bacs supplémentaires dans les coins faciles d'accès.
- S'il se déplace difficilement, par exemple pour cause d'arthrite, fournissez-lui un bac bas pour l'aider à monter dedans.
- S'il manque de précision, remplacez le bac par une boîte de rangement en plastique. Retirez le couvercle et découpez une entrée à une extrémité. Le risque d'imprécision sera diminué par les rebords plus hauts d'une telle boîte.

12 : Il fait ses besoins dans les pots de fleurs

Les plantes en pot sont hélas très attractives pour faire ses besoins, même pour les chats d'extérieur, qui ne résistent pas au substrat meuble. Ce qu'il faut faire :

- Rempotez les plantes concernées dans un terreau neuf et propre. Les chats marquent fortement les endroits qu'ils ont déjà utilisés.
- Déplacez les crottes dans un bac à litière installé près des plantes affectées.
- Rendez vos plantes aussi peu attractives que possible en recouvrant le substrat de grands galets irréguliers, de pommes de pin et de coquilles écrasées.
- Si rien ne fonctionne, recouvrez le substrat de grillage à poule pour l'empêcher de creuser, comportement qui précède souvent les besoins.

13 : Il s'en prend au papier toilette

S'en prendre au papier toilette et le réduire en charpie est un passe-temps auquel se livrent parfois les chats qui s'ennuient. Pour y remédier :

• Fermez systématiquement les toilettes quand vous les quittez.
• Consacrez à votre chat 10 à 15 minutes de jeu interactif, matin et soir, afin qu'il évacue son trop-plein d'énergie.
• Proposez-lui une alimentation active et divers jouets stimulants.
• Installez un porte-rouleau muni d'un couvercle pour l'empêcher d'attraper l'extrémité libre du papier.
• Posez une coupelle d'eau sur le rouleau. S'il tente de tirer sur le papier, il sera douché, ce qui découragera le chat le plus déterminé !

14 : Il urine sur les rideaux

Uriner dehors est un comportement normal chez les chats, mâles et femelles, castrés ou non. Normalement, ils n'ont pas besoin d'uriner dans la maison, car ils s'y sentent en sécurité. Mais si le vôtre se sent menacé d'une façon ou d'une autre, il peut se mettre à uriner à l'intérieur pour se donner confiance. Uriner sur les rideaux est souvent le signe d'une menace à l'extérieur. Essayez ceci :

• Limitez temporairement son accès à l'extérieur et barrez la vue depuis la fenêtre avec une peinture pour vitres givrées.
• Nettoyez les zones souillées à l'aide d'un nettoyant enzymatique, puis brumisez-les légèrement avec du désinfectant chirurgical.
• Créez une zone refuge où il se sentira en sécurité, par exemple une pièce inutilisée contenant tout ce dont il a besoin.
• Branchez un diffuseur d'hormones pour accroître son sentiment de sécurité.
• Procurez-lui de la stimulation, par exemple des jeux interactifs.
• Ne le punissez pas, vous ne ferez qu'empirer les choses.

15 : Il urine sur votre lit

Si votre chat urine sur votre lit, ce n'est pas pour vous punir d'être absent toute la journée, mais c'est le signe d'un chat nerveux ou qui ne se sent pas en sécurité. Pour se rassurer, il s'est réfugié là où votre odeur est la plus présente et il a uriné sur le lit pour mélanger son odeur à la vôtre.

Ne le punissez surtout pas, ce qui le rendrait encore plus nerveux et fragiliserait le lien qui vous unit. Réévaluez le type de bacs à litière et leurs emplacements (voir Solution 9, page 74). Limitez l'accès à votre chambre à coucher et, éventuellement, confinez-le dans un secteur plus petit de la maison en votre absence pour qu'il se sente en sécurité.

16 : Il urine sur les sacs de courses

La plupart des chats ne sont pas perturbés par l'arrivée de nouveaux objets, mais l'apparition soudain d'un sac à commissions est parfois déroutante pour certains chats nerveux, car c'est une modification de leur territoire. De plus, le sac porte l'odeur de lieux inconnus. Il urine dessus pour se rassurer et revendiquer son territoire.

- Ne lui criez pas dessus, cela ne fera qu'aggraver le problème.
- Mettez votre chat dans une autre pièce et distrayez-le avec un jouet ou une gâterie pendant que vous rangez les courses.
- Débarrassez-vous immédiatement des sacs.
- Procurez-lui des sites de repos en hauteur des cachettes supplémentaires.
- Branchez un diffuseur de phéromones pour le rassurer.

17 : Il griffe les meubles

Les chats font leurs griffes pour les aiguiser et marquer leur territoire. Mais griffer les meubles devient problématique et peut coûter cher. Fournissez à votre chat une alternative plus séduisante.

S'il griffe les surfaces verticales, comme les côtés du canapé, proposez-lui un poteau-griffoir vertical suffisamment lourd pour supporter son poids et assez grand pour qu'il puisse s'étirer, debout sur ses pattes postérieures.

S'il griffe des surfaces horizontales, installez un grand griffoir plat en carton ondulé — les chats adorent le carton ! Placez le griffoir dans le coin où il passe le plus de temps, et récompensez-le avec une friandise à chaque utilisation.

18 : Il mord les fils électriques

Un chat mord les fils électriques parce qu'il s'ennuie ou pour s'entraîner à chasser. Ce comportement est dangereux pour lui, pour votre maison et votre famille. Pour l'en dissuader :

• Fermez les pièces où il sévit le plus souvent.
• Attachez les fils pour qu'ils ne pendent pas.
• Abritez les fils derrière les meubles ou dans des gaines électriques.
• Enduisez le cordon d'une substance désagréable telle que la pomme amère.
• Procurez-lui d'autres sources de distraction, par exemple des séances quotidiennes de jeu interactif.
• Débranchez tous les fils quand vous n'utilisez pas les appareils.

19 : Il grimpe aux rideaux

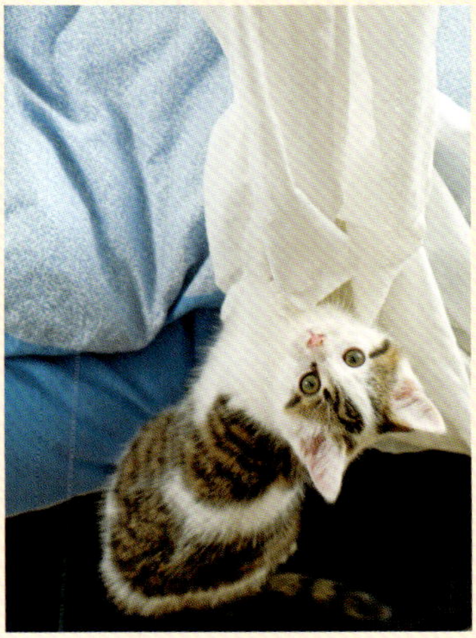

Les chats sont des grimpeurs nés qui doivent pourvoir accéder à des lieux surélevés. Rideaux et stores leur offrent l'occasion de s'amuser, de dépenser leur énergie et d'accéder à ces endroits élevés.

Proposez-lui une alternative intéressante comme un arbre à chat ou un portique d'escalade. Installez celui-ci près des rideaux car c'est là où il aime grimper, et récompensez le moindre signe d'intérêt.

20 : Il griffe le papier peint

Les chats ont un puissant instinct de griffage. Dehors, ils griffent les poteaux, les arbres et toute surface qui leur permet d'aiguiser leurs griffes ; mais, dans la maison, ils n'en ont pas toujours la possibilité.

Proposez-lui un endroit où se faire les griffes, par exemple un poteau entouré de sisal installé dans la zone la plus touchée, et lisez « Vieux chats et griffoir », page 31. Le jeu lui permettra de se défouler et le détournera du papier peint. Mais ne le punissez pas quand vous le prenez sur le fait : distrayez-le avec un jouet.

Si rien ne fonctionne, placez une feuille de plastique rigide contre les murs les plus affectés : les dégradations cesseront très vite.

21 : Il s'assoit sur l'ordinateur

Votre chat aime s'asseoir sur le clavier quand vous vous mettez à taper ? Il saute sur l'écran pour attraper le curseur ? Les conseils ci-dessous vous aideront à ne pas perdre des heures de travail d'un seul coup de patte !

Avant d'allumer l'ordinateur, consacrez 15 minutes à jouer avec lui, puis donnez-lui une friandise riche en protéines. Fatigué et repu, il va probablement faire une sieste.

Pour l'empêcher de faire son somme sur le clavier, posez une petite boîte en carton sur ou près du bureau. Les chats aiment le carton encore plus que leurs maîtres ! Mettez dedans quelques croquettes et un tissu portant votre odeur pour l'inciter à y entrer.

Si tout échoue, fermez la porte de votre bureau et faites-en une zone interdite aux chats.

22 : Il creuse dans les plates-bandes

Creuser est un préliminaire important avant de faire ses besoins. Pour un chat, une plate-bande est une invitation à se soulager ailleurs que dans son bac à litière, car la terre meuble est plus facile à creuser. Mais les dégâts ne sont pas du goût de tout le monde.

- Les chats sont repoussés par l'odeur de citron : disséminez des pelures de citron et d'orange dans vos plates-bandes.
- Achetez un asperseur à détection de mouvement, qui projettera de l'eau quand votre chat s'approchera de la zone interdite.
- Incitez votre chat à se soulager ailleurs dans le jardin en lui fournissant des latrines. Dans un coin discret du jardin, creusez un trou d'environ 1 m de côté que vous remplirez de trois quarts de gravier et d'un quart de sable ou de terre. Ajoutez un peu de litière souillée pour l'encourager à l'utiliser. Nettoyez régulièrement.

23 : Il saute sur les meubles de la cuisine

Les chats aiment sauter sur les tables et plans de travail, car ce sont des points surélevés qui leur permettent de surveiller les alentours. De plus, on y trouve parfois des choses savoureuses ! Cette habitude antihygiénique peut être combattue comme suit :

• Soyez cohérent dans le choix des endroits où votre chat peut ou ne pas aller, et ne l'encouragez jamais à sauter sur la table ou le plan de travail.
• Collez du ruban adhésif sur le bord de ces surfaces pour les rendre déplaisantes. Les chats détestent avoir les pattes collantes et le vôtre apprendra vite à ne plus sauter dessus.
• Ne le tentez pas : ne laissez traîner pas de nourriture.
• Proposez-lui un lieu de repos surélevé acceptable, par exemple un arbre à chat. Récompensez-le à chaque utilisation.
• Attirez-le sur l'arbre en y disséminant de l'herbe à chat et quelques friandises.

24 : Il n'aime plus qu'on le prenne

Si un chat qui aimait être pris montre une réticence soudaine, faites-le examiner par le vétérinaire. S'il n'a jamais aimé être pris, c'est qu'il ne s'est peut-être jamais socialisé quand il était jeune ou qu'il a fait de mauvaises expériences. Voici des exercices pour qu'il accepte plus facilement d'être dans vos bras :

1 Pour gagner sa confiance, commencez par le caresser pendant qu'il est détendu, et posez brièvement la main sur son flanc. Récompensez-le avec une friandise.
2 S'il tolère ce contact, accroupissez-vous pour être à son niveau et soulevez-le de quelques centimètres au-dessus du sol (en soutenant son corps par sécurité), puis reposez-le. Récompensez-le immédiatement.
3 Augmentez progressivement la hauteur jusqu'à être en mesure de le transporter dans une autre pièce. Récompensez-le chaque fois avec une friandise et un jeu interactif.

25 : Il mord les doigts en jouant

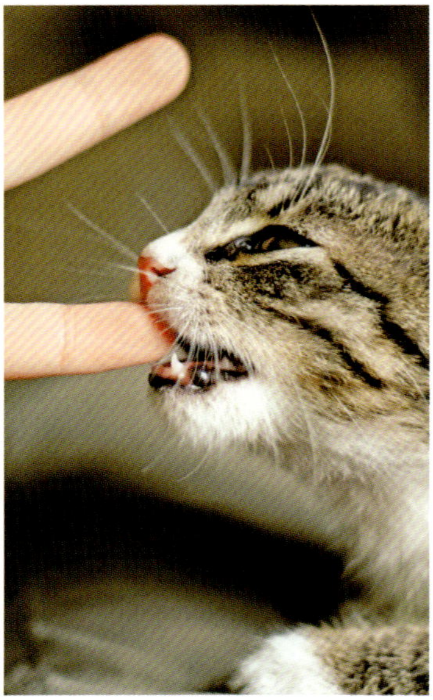

Les jeunes chats chahutent souvent entre eux. Faute d'un autre chat avec qui jouer, ils se tournent vers ses compagnons humains. Les chats sont attirés par tout ce qui bouge, et votre main en mouvement pendant le jeu excite le chasseur en lui : il griffe et il mord. Ce genre de jeu peut être inoffensif tant que c'est un chaton, mais peut devenir dangereux avec un chat adulte. Voici comme l'empêcher de prendre vos mains pour des proies :

• Au lieu de vos mains, utilisez un jouet au bout d'une canne à pêche. Proposez-lui deux séances quotidiennes de 15 minutes.
• S'il vous mord, essayez de l'ignorer. Une réaction conflictuelle ne fera qu'aggraver les choses.
• Une fois que l'excitation retombe, récompensez ses comportements calmes par des caresses et une friandise.

26 : Il mord quand on le caresse

Certains chats aiment notre contact, d'autres vous feront rapidement savoir que ça suffit. Les chats qui ont eu peu de contacts physiques dans leur enfance, ou peu d'occasions de se socialiser, sont généralement plus intolérants au contact. Augmenter leur niveau de tolérance aux caresses et aux manipulations demande du temps et de la patience. Ne grillez pas les étapes.

• Commencez par le caresser très brièvement.
• Évitez de le prendre dans les mains.
• Ne touchez pas les zones sensibles telles que le ventre et les pattes.
• Observez son langage corporel et rompez le contact au premier signe d'irritation.
• Récompensez-le avec des gâteries.
• Laissez-le s'en aller quand il en a envie.
• Augmentez très progressivement la durée des séances.

27 : Il bondit sur vos pieds

Un chat qui bondit sur vos pieds manque très probablement de stimulation. Il a besoin de jouer et de s'exercer à chasser, faute de quoi il s'entraîne sur vous !

- S'il s'en prend à vos pieds, détournez son attention en jetant un jouet dans la direction opposée.
- Proposez-lui des séances de jeu interactif (voir pages 42-43) et une alimentation active (voir page 49).
- Gardez votre calme.

28 : Il n'a pas envie de jouer

Le jeu est une activité essentielle à tous les âges. Il renforce le lien entre votre chat et vous, il est mentalement stimulant, prévient l'ennui, diminue l'anxiété et procure de l'exercice. Certains chats sont des joueurs nés, d'autres ont besoin d'un peu d'encouragement.

Un moyen de motiver votre chat est de lui fournir les bons jouets. Les chats sont des chasseurs par nature, et même si un jouet ressemble à une souris, il faut aussi qu'il bouge comme une souris, sinon votre chat ne s'y intéressera pas. Les chats chassent les objets mobiles : un jouet imitant les mouvements d'une proie a plus de chances de l'intéresser. Une canne à pêche à laquelle on fixe le jouet permet de maintenir celui-ci en mouvement permanent, simulant celui des proies dans la nature.

Si votre chat reste indifférent, persévérez et continuez de l'encourager. Deux séances de jeu intense par jour constituent un rythme idéal. Changez régulièrement de jouet, supervisez toujours les séances et n'oubliez pas de terminer chaque temps de jeu sur une note positive.

29 : Il refuse le collier

Les colliers peuvent être dangereux, car le chat risque de rester pris dans une branche ou une clôture, par exemple. Mais si vous tenez à ce qu'il en porte un pour pouvoir l'identifier et le retrouver si besoin, choisissez un collier à fermoir de sécurité qui s'ouvre dès qu'il rencontre une résistance. Pour l'habituer à son collier :

- Prélevez ses phéromones faciales avec un tissu et frottez-le sur le collier.
- Posez le collier par terre et laissez le chat le flairer pendant quelques jours.
- La première fois que vous lui mettez le collier, distrayez-le avec un jouet.
- Augmentez progressivement le temps qu'il passe avec le collier.

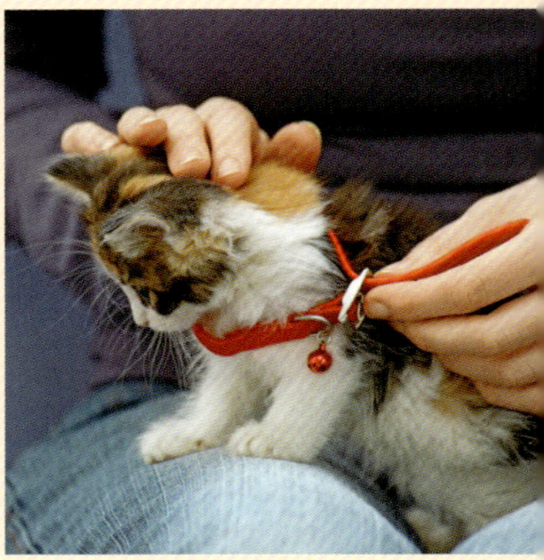

30 : Il refuse un nouveau panier

Votre chat refuse de dormir dans un nouveau panier et préfère la pile de linge repassé ? Quelques mesures persuasives l'aideront à changer d'avis.

Le problème n'est généralement pas le panier, mais son emplacement. Installez-le en hauteur, car les chats ont une préférence pour les postes surélevés et discrets. Ils aiment aussi la chaleur, au-dessus d'un radiateur par exemple (ou achetez un coussin chauffant).

Vous l'aiderez aussi en modifiant l'odeur du panier, par exemple avec un vieux vêtement qui l'environnera de l'odeur familière de la famille et le rassurera.

31 : Conflits entre chats

Il n'est pas rare qu'une relation entre deux chats qui ont toujours cohabité pacifiquement s'envenime sans raison apparente. Quand cela se produit, il est crucial d'identifier le moment où ils ont changé de comportement, ainsi que les changements qui ont pu se produire alors dans la maison. Un bébé, un nouvel animal, un changement de routine ou de décoration intérieure peuvent être à l'origine de ces agressions.

• Consultez le vétérinaire pour rechercher une éventuelle cause médicale, comme une douleur.
• Séparez les chats pour quelque temps et recommencez les présentations (voir pages 32-33 et 36-37).
• Progressez lentement et à leur rythme.
• Si tout se passe bien, remettez-les progressivement ensemble.
• Augmentez le nombre de lieux de nourrissage, de places de repos en hauteur, de cachettes et de bacs à litières.
• Branchez un diffuseur de phéromones pour qu'ils se sentent en sécurité.
• En cas de dispute, distrayez-les avec un jouet. N'intervenez pas physiquement, vous risqueriez d'être blessé.
• Soyez patient et récompensez les comportements positifs.

32 : Il se bagarre avec les chats du voisinage

Les chats sont très territoriaux. La défense de leur territoire provoque des disputes qui peuvent devenir très intenses et se terminer par des blessures. Si votre chat se bat régulièrement avec les chats du voisinage, il va falloir intervenir.

Les chats sont plus nombreux dehors entre le crépuscule et l'aube. Gardez votre chat à l'intérieur pendant la nuit. Si possible, entendez-vous avec les propriétaires voisins sur un « partage du temps ».

33 : Il s'en prend à votre nouveau partenaire

Vous démarrez une nouvelle relation, et voici que votre chat déteste votre nouveau partenaire. Les chats sont très territoriaux. Quand ils se sentent menacés ou perturbés, ils réagissent souvent de la seule façon qu'ils connaissent : ils soufflent, font le gros dos et griffent. Si votre chat agit ainsi avec votre nouveau partenaire, prenez les mesures suivantes :

• Ne précipitez pas les présentations et allez à son rythme.
• Demandez à votre partenaire de ne pas le regarder dans les yeux et de ne pas l'approcher directement, car votre chat prendra cela comme une menace.
• Faites en sorte que votre partenaire soit le seul à le nourrir et à lui donner des friandises afin de créer une association positive.
• Si ça ne fonctionne pas, c'est que votre chat vous dit de trouver quelqu'un d'autre !

34 : Il s'en prend à vous

Votre chat est assis sur le bord de la fenêtre et aperçoit un autre chat dehors. Soudain, il s'agite et souffle. Vous allez à la fenêtre pour voir ce qu'il se passe, et soudain il vous agresse. Ce comportement est appelé « agression redirigée ». Il se produit quand le chat n'est pas en mesure d'attaquer l'objet de son irritation (le chat dehors) ; il se défoule alors sur la cible la plus proche : vous.

Quand un chat réagit ainsi, c'est le moment d'être prudent. Votre chat est très excité et frustré. N'essayez pas de le prendre, mais donnez-lui de la place et du temps pour se calmer. Si possible, fermez les rideaux et éteignez la lumière. Prévenez ce genre d'incident et modifiez son environnement pour empêcher que cela ne se produise, par exemple en couvrant les bas de vitre avec une peinture givrée.

35 : Conflit entre chats après une visite chez le vétérinaire

Le retour d'un chat après une visite chez le vétérinaire peut être problématique quand on en a plusieurs. Ses anciens amis peuvent l'agresser parce que son odeur a changé et qu'ils ne le reconnaissent pas.

• Planifiez les visites de routine pour tous vos chats en même temps, afin qu'ils portent tous la même odeur.
• Si un seul chat est concerné, prélevez ses phéromones faciales sur un tissu que vous conserverez dans un sac en plastique. Faites de même avec les autres chats. Au retour, isolez le chat quelque temps. Frottez doucement les tissus sur son corps pour lui rendre l'odeur du groupe.
• Quand vous réunissez vos chats, surveillez leur comportement et, le cas échéant, donnez-leur des friandises pour les distraire.

36 : Il a peur de la sonnette d'entrée

Votre chat file se cacher sous un lit chaque fois que la sonnette retentit ? Les chats peu socialisés ou ayant peu l'habitude de la vie à la maison sont parfois effrayés par les bruits sonores ou inconnus. Voici comment le désensibiliser :

• Mettez à sa disposition un refuge éloigné de la sonnerie, où il se sentira en sécurité.
• Demandez à un ami d'actionner la sonnette à un moment convenu à l'avance. Arrangez-vous pour que votre chat soit dans son refuge à ce moment-là.
• Quand la sonnerie retentit, jouez avec votre chat et récompensez son calme. Cessez dès que la sonnerie s'arrête. Vous pouvez faire plusieurs séances brèves dans la journée.
• Après plusieurs séances, il devrait s'habituer au bruit de la sonnette. Installez-le maintenant dans une pièce plus proche du bruit.
• Récompensez son calme. Séance après séance, diminuez la distance entre le chat et le bruit.

37 : Il a peur du nouveau-né

Les chats sont des êtres sensibles qui n'aiment pas qu'on dérange leurs habitudes. Imaginez ce qu'ils peuvent ressentir quand un bébé fait irruption dans le foyer. Soudain, une créature à l'odeur inconnue et aux sons étranges envahit leur territoire. Pour qu'une relation positive s'installe entre votre chat et votre bébé, suivez ces conseils :

- Ne modifiez pas la routine quotidienne du chat.
- Présentez-lui le bébé sous votre surveillance.
- Laissez le sentir le bébé, félicitez-le et récompensez-le pour son calme.
- Ne le retenez pas et laissez-le partir s'il en a envie.
- Faites-lui sentir et inspecter les affaires du bébé : il comprendra vite que ce dernier n'est pas une menace.
- Branchez un diffuseur de phéromones pour le rassurer.

38 : Il ne veut pas avaler un médicament

Certains chats acceptent les médicaments sans problème, mais c'est généralement une vraie épreuve. Il est difficile d'amener un chat à faire quelque chose qu'il n'aime pas et, pour ne rien arranger, beaucoup de médicaments ont mauvais goût. Ce sera encore plus compliqué si vous appréhendez ces instants : le chat perçoit la tension de vos muscles et votre langage corporel négatif. Or, il est possible d'administrer un médicament dans la bonne humeur :

- Respirez profondément et restez calme.
- Faites-vous aider par un autre membre de la famille.
- Enveloppez doucement mais fermement votre chat dans une serviette ou une couverture.
- Si c'est un médicament liquide, penchez sa tête sur le côté et administrez-lui le liquide avec une pipette en plastique.
- Si c'est un cachet solide, utilisez un lance-pilule.
- Massez doucement la gorge du chat pour provoquer la déglutition.
- Récompensez-le immédiatement avec un bon morceau afin qu'il associe ce moment avec quelque chose d'agréable.

39 : Quand les chats sont en deuil

Comme nous, les chats semblent traverser un processus de deuil quand un autre animal de la maison meurt. Le chat ne comprend pas où son compagnon est passé ; il se montre inquiet, il est plus bruyant et plus collant que d'habitude et il recherche son ami de pièce en pièce. Pour ne rien arranger, il perçoit la tristesse de ses compagnons humains, ce qui augmente son anxiété. Reconnaître le deuil de votre chat est la première étape pour l'aider.

Les chats sont des créatures d'habitudes. Sa routine doit rester aussi normale que possible, y compris les séances de jeu régulières, les caresses et le brossage. Vous serez peut-être tenté de le consoler par un surcroît d'affection, mais c'est inutile. En revanche, il ne doit pas manquer de stimulation. Quand le temps sera venu, vous pourrez éventuellement envisager de trouver un nouvel animal (voir pages 2-33 et 36-37). Mais ne vous précipitez pas et laissez-vous guider par votre chat.

40 : Il passe son temps à faire sa toilette

Il est tout à fait normal qu'un chat passe des heures à faire sa toilette. Mais si la fréquence et la durée des séances augmentent, c'est que quelque chose ne va pas : puces, stress ou problème médical. Une visite chez le vétérinaire est indispensable.

Si la santé de votre chat n'est pas en cause, ce toilettage excessif est probablement un comportement de substitution induit par le stress ou un conflit. Faire sa toilette a un effet calmant, d'où des séances plus intenses dans les moments difficiles, comme l'arrivée d'un bébé, ou quand il s'ennuie. Proposez-lui des séances de jeu interactif et accordez-lui plus d'attention. Procurez-lui des places de repos en hauteur et des cachettes au niveau du sol pour qu'il se sente en sécurité. Une alimentation active (page 49) l'empêchera de s'ennuyer en votre absence. Si rien ne fonctionne, demandez à votre vétérinaire de vous indiquer un spécialiste du comportement des chats.

41 : Il vous réveille la nuit

Contrairement à nous, les chats font des sommes prolongés dans la journée et s'activent la nuit, qui est le moment où leur instinct de chasse se réveille. La nuit, les chats miaulent, marchent sur les dormeurs et font tomber les bibelots. Votre chat ne cherche pas à vous priver de sommeil, il ignore simplement quelles sont les heures acceptables pour exprimer son comportement. Essayez ceci pour que tout le monde passe une bonne nuit :

- Fermez la porte de votre chambre et portez des bouchons d'oreille.
- Ignorez-le quand il miaule, cela ne ferait que l'encourager.
- Jouez bien avec lui avant de vous coucher et donnez-lui ensuite une friandise.
- Donnez-lui à manger dans des boîtes à formes pour l'occuper.
- Maintenez-le éveillé pendant la journée pour qu'il dorme plus facilement la nuit.
- Ne le punissez pas, cela renforcerait ce comportement.

42 : Il ne cesse de miauler

Certains chats sont naturellement calmes et passent la plupart du temps à dormir et à faire leur toilette, et d'autres ont du mal à rester tranquille. Si vous possédez un siamois ou autre race orientale, vous devrez accepter le bruit, car ces races miaulent plus facilement et vous ne pourrez pas modifier ce comportement inné. Mais si votre chat n'est pas de race orientale et que ses miaulements incessants vous exaspèrent, voici quelques idées :

- S'il se met à miauler beaucoup sans raison apparente, consultez le vétérinaire. C'est peut-être dû à un problème de santé ou à l'âge.
- Ne récompensez pas ses miaulements. La cause la plus courante des miaulements est le besoin d'attention. Les chats apprennent à miauler pour demander à manger ou pour sortir. Ignorez ses demandes vocales.
- Diversifiez son environnement. Un chat qui manque de stimulation peut miauler par ennui. Proposez-lui des séances de jeu interactif régulières et une alimentation active (voir pages 42-43 et 48-49).

43 : Il mâche les vêtements en laine

Manger de la laine ou du tissu résulte parfois d'une prédisposition génétique (siamois et races orientales, notamment), d'un sevrage précoce, du stress, de l'ennui ou d'un stimulus environnemental. Mais aussi d'un problème grave, comme une occlusion intestinale. Voici comment le dissuader :

- Interdisez l'accès à tous les tissus comestibles.
- Augmentez son niveau d'activité par des jeux interactifs et une alimentation active.
- Appliquez un répulsif tel que le menthol pour le décourager de mâcher le tissu.
- Augmentez la part de fibres dans son alimentation.

44 : Il se cache sous le lit

S'il se sent menacé, un chat craintif file se cacher, par exemple sous le lit. S'il a élu refuge sous le vôtre, voici comme l'encourager à sortir :

- Fournissez-lui des cachettes alternatives, par exemple une boîte en carton ou un panier igloo à haut bord. Les chats se sentent plus en sécurité là où ils ne peuvent pas être vus.
- Attirez-le au dehors avec des friandises, que vous déposerez près de sa cachette s'il refuse. Puis augmentez peu à peu la distance.
- Un jouet attaché à une canne à pêche est un excellent moyen de le faire sortir de sa cachette.
- Quand il sort enfin, laissez-le venir à vous quand il en aura envie.
- Ne le faites jamais sortir de force, car cela augmentera son anxiété et son besoin de se cacher.

45 : Il a besoin d'attention

Certains chats ont besoin de beaucoup d'attention. Leurs demandes constantes finissent par être irritantes, surtout tôt le matin. Récompensez-le par une caresse ou une friandise quand il ne demande pas votre attention. Les chats aiment les choses prévisibles ; se tenir à la routine quotidienne diminue le besoin d'attention et les aide à prendre confiance. La journée doit comprendre des séances de caresses, de brossage, de jeu interactif et d'alimentation active. Ainsi, vous ne serez pas sa seule source d'activité et de divertissement.

46 : Il ne cesse de retourner dans son ancienne maison

Déménager est pénible pour votre chat. Les chats sont très liés à leur territoire et détestent le changement. Une nouvelle maison a une odeur et des sons différents, ce qui le rend nerveux et crée un sentiment d'insécurité. Si vous déménagez non loin de votre ancienne maison, il en profitera peut-être pour retourner dans son territoire familier. Quelques mesures l'aideront à accepter son nouveau foyer :

- Gardez-le enfermé pendant 4 à 6 semaines.
- Demandez aux nouveaux occupants d'avoir un comportement désagréable avec lui.
- Dans la nouvelle maison, aménagez une pièce refuge avec tout ce dont il a besoin et branchez un diffuseur de phéromones.
- Au bout d'un mois, laissez-le sortir brièvement sous votre surveillance, à un moment où il a faim.
- Soyez calme et positif, récompensez-le chaque qu'il rentre quand vous l'appelez.

47 : Il refuse de rentrer le soir

Avez-vous du mal à le faire rentrer avant d'aller vous coucher ? S'activer la nuit est normal chez les chats. Mais si vous préférez que votre chat rentre la nuit, prenez les mesures suivantes :

- Créez un « refuge » où il aura envie de revenir.
- Dressez-le à venir quand on l'appelle (page 27), rentrez-le au crépuscule et interdisez les sorties jusqu'au matin.
- Offrez-lui sa nourriture préférée quand il rentre.
- Diminuez son besoin de chasser en lui proposant des jouets simulant le comportement de proies.

48 : Il s'enfuit du jardin

Les chats aiment se promener, grimper aux arbres et rechercher des proies. Mais cela peut être dangereux à cause de la circulation, de chats voisins hostiles, ainsi que des risques d'enlèvement et d'empoisonnement. En clôturant votre jardin, vous saurez qu'il peut sortir tout en restant en sécurité.

Installez une clôture grillagée à mailles fines, haute d'au moins 1,80 m, couronnée par un retour rentrant incliné à 45° environ pour l'empêcher de passer par-dessus. Le jardin doit lui offrir une diversité de cachettes et de perchoirs au soleil, ainsi que des latrines dans un lieu discret.

49 : Il chasse les oiseaux

L'instinct de chasse des chats est si puissant que même un animal bien nourri ne résistera pas au plaisir de chasser les oiseaux. Mais beaucoup de gens, y compris des propriétaires de chats, s'inquiètent pour le devenir des oiseaux sauvages. Voici comment protéger nos amis à plumes :

• Attachez plusieurs clochettes au collier de votre chat pour avertir ses proies potentielles.

• Ne déposez pas d'aliments pour oiseaux sur le sol, mais sur un plateau au sommet d'un poteau.

• Gardez votre chat à l'intérieur le soir et au petit matin, quand les oiseaux se nourrissent.

• Nourrissez bien votre chat avant de le laisser sortir. Donnez-lui un peu de viande sur l'os pour l'occuper et lui laisser moins de temps pour chasser.

• Proposez-lui des jeux interactifs pour qu'il satisfasse son besoin de chasser sans s'en prendre aux animaux du jardin.

50 : Il rapporte des proies dans la maison

Le chat est chasseur par nature. Quand il vous laisse un « cadeau » sous forme d'une souris ou d'un oiseau mort, il exprime son comportement naturel de mère et d'instructeur : il rapporte ce cadeau pour vous entraîner et pour vous faire plaisir.

Même si cette offrande n'est pas de votre goût, cela fait partie de son comportement naturel. Ne le punissez pas, car il ne comprendra pas et cela ne fera que le rendre anxieux. Au contraire, montrez-lui de l'affection et félicitez-le ; après tout, il s'agit d'un cadeau spécial de la part d'un ami spécial ! Si votre « cadeau » est toujours vivant, reprenez-le tranquillement et relâchez-le dehors. Si votre chat chasse assidûment, prévoyez plusieurs séances quotidiennes de jeu interactif pour qu'il donne libre cours à son instinct.

Index

Crédits et remerciements

Crédits photographiques

Tous les efforts ont été entrepris pour contacter les détenteurs de copyright. Toutefois, les éditeurs seront heureux de rectifier toute erreur ou omission éventuelle dans les futures éditions.

Toutes les photos sont de **John Davis** pour le compte d'Octopus Publishing Group Ltd, sauf :
Alamy Juniors Bildarchiv 78a ; Mauritius 80b
Fotolia Julia Mashkova 73a ; maksymowicz 81a ; Minou Amélie 79a ; steheap 79b ; Vera Kuttelvaserova 72a ;
Getty Images Akimasa Harada 43b
Matt Hoskin/furlined/Flickr 32, 37ac, 54–55b, 66, 72b, 89a, 90
Shutterstock Alexander Kockin 75b ; Alexey Savchuk 74b ; Claudia Veja 80a ; DavidTB 92 ; DigiCake 75a ; GooDween13 91 ; Konstantin Sutyagin 47b ; MaxyM 77a ; Myroslava Pavlyk 76b ; Noko3 71b ; Ruslan Kokarev 93b ; S J Allen 83a ; Susan Schmitz 86a ; Tony Campbell 85b ; Veera 37al ; Yala 70a
Thinkstock Acmanley 1 ; Andrey Shchekalev 3 ; BananaStock 29br ; Chang Ching Hwong 76a ; Elzbieta Sekowska 93a ; Emily Skeels 89b ; Feedough 77b ; Frankiefotografie 12 ; James Berghout 47al ; kimmik69 91 ; Lulamej 73b ; Mattia Pelizzari 71a ; Micha Bednarek 68-9 ; Mitja Mladkovic 88a ; Pavel Timofeyev 86b ; Pyzata 22br ; Rafal Olkis 82a ; Velllena 47ar ; Veryolive 2
Warren Photographic 85a

Remerciements de l'auteur

Je voudrais exprimer ma sincère gratitude aux personnes qui m'ont aidée, encouragée et inspirée pendant l'écriture de ce livre.
En premier lieu, je voudrais remercier mon équipe éditoriale et graphique : Trevor Davies, Tracy Killick et Alice Bowden. Merci de m'avoir permis d'écrire ce livre et pour tout le mal que vous vous êtes donné à transformer mes mots en ce produit final.
Merci à tous les chats (et maîtres) merveilleux avec qui j'ai travaillé toutes ces années, ce fut un plaisir de faire ce voyage avec vous. Même si nous avons parfois traversé des moments difficiles, nous avons fini par arriver à destination !
Un merci tout particulier à tous mes chats fantastiques, passés et présents, notamment à mes deux chats actuels, Clicquot et Gigi. Merci pour tout ce que vous m'avez appris sur le comportement des chats, pour tous les rires et les sourires que vous m'avez arrachés.
Pour finir, ce livre n'aurait pas vu le jour sans le soutien et les encouragements de Lainey. Merci d'avoir relu les nombreux brouillons de ce livre et d'avoir supporté ma « t-chat-che » incessante pendant tant d'années.

Remerciements de l'éditeur

Un grand merci aux personnes suivantes pour le temps qu'ils nous ont consacré et pour nous avoir apporté des chatons et des chats à photographier : Sandra Strong de www.dogs-on-camera.com, Ros Karamath de Stepping Stones Cat Rescue, et l'équipe de Fur'n'Feathers Pet Shop, à Londres. Merci à nos modèles Alison King, Sara Thomas et notre auteur Kim Houston. Merci à Vicky et Zownir de Locations Ltd, qui nous ont trouvé un bel appartement pour les séances photographiques, à Pet Corners qui a fourni les articles pour chats, à Matt Hopkins pour l'utilisation des photographies de ses chats. Enfin, un grand merci au photographe John Davies et à son assistant Dave Foster.